Les fondements du christianisme

Les fondements du christianisme

C.S. LEWIS

Les Éditions LLB ont pour objectif de faire connaître la Bonne Nouvelle de Jésus-Christ et d'encourager les personnes de tout âge à rencontrer Dieu, chaque jour, au moyen de la Bible et de la prière.

Éditions LLB, CS 50728, 26007 VALENCE Cedex, France
www.editions-llb.fr

Également disponible en Belgique, au Canada et en Suisse :
Ligue pour la Lecture de la Bible, Chaussée de Jette, 446 / 0.2, 1090 BRUXELLES (Jette)
Ligue pour la Lecture de la Bible, 1701 rue Belleville, VILLE LEMOYNE, Québec, J4P 3M2
Ligue pour la Lecture de la Bible, Route de Fenil, CH-1806 SAINT-LÉGIER

Traduction : Aimé Viala
Infographie et impression : IMEAF – La Bégude-de-Mazenc – France
Dépôt légal : Janvier 2013
N° d'impression : 20170523
ISBN 978-2-85031-580-0

AVANT-PROPOS

Il est des individus qui, presque par vocation, répondent spontanément à l'appel du Seigneur ; par leur tempérament et leur éducation ils sont prédisposés à la foi. Mais tous les êtres ne sont pas ainsi faits. Certains éprouvent le besoin impérieux de comprendre, d'être convaincus intellectuellement avant d'accepter. Leur engagement est conditionné par une argumentation solide. Et quand ils seront convaincus, sans doute deviendront-ils des chrétiens profondément enracinés dans la foi.

Certes, la foi ne se démontre pas comme un théorème de géométrie. Elle requiert plutôt une certaine simplicité : « Si vous ne devenez comme des petits enfants, a dit Jésus, vous n'entrerez pas dans le royaume des cieux. »

Il n'en reste pas moins que la foi n'est pas réservée aux êtres simples, aux naïfs, car la Bible nous exhorte aussi à être « enrichis d'une pleine intelligence pour connaître le mystère de Dieu. » Dieu nous a donc doués d'intelligence pour le comprendre, le connaître et l'accepter.

C'est aux personnes soucieuses de réfléchir, de comprendre le christianisme avant de l'accepter, que s'adresse C.S. Lewis. Ces gens, sensibles à la vertu du raisonnement, il ne cherche pas à les convaincre par des citations d'un livre qui n'est pas nécessairement une référence pour eux. On ne trouve quasiment pas de citations bibliques dans l'ouvrage de C.S. Lewis. Les termes religieux sont aussi judicieusement laissés de côté. Sinon, l'argument porterait à faux. L'auteur s'appuie plutôt sur des comparaisons, des images, presque des paraboles, qui illustrent son propos abstrait.

De plus, il n'impose pas sa façon de voir ni ne prétend tout savoir. Il avoue même qu'il n'a pas une formation de théologien et qu'il ne veut pas s'aventurer « en eau trop profonde ». Il nous fait participer à sa quête avec humilité. Il s'est toujours voulu un laïc écrivant pour des laïcs.

C.S. Lewis est pourtant un philosophe de grande classe, bien connu à ce titre dans le monde anglo-saxon. Mention de son œuvre a même été faite par un penseur catholique français au cours d'une émission de télévision. C.S. Lewis procède avec rigueur par la méthode socratique. La façon dont il traite les sujets, et son approche apologétique, nécessitent certes une certaine connaissance de la philosophie ainsi que d'autres domaines de la connaissance. Ne soyez pas effrayés cependant. C.S. Lewis n'utilise pas le langage ésotérique de la philosophie, accessible aux seuls spécialistes. Style de conversation, métaphores frappantes, amour de la clarté sont les caractéristiques de sa prose. « Notre tâche, écrit-il dans un autre ouvrage (*God in the dock*), est d'exposer ce qui est hors du temps – qui reste le même, hier, aujourd'hui, éternellement – dans le langage spécifique de notre temps. »

L'habileté apologétique de C.S. Lewis réside dans sa capacité à faire appel au bon sens des lecteurs, à leur intelligence, à leur bonne foi, à leur logique. C'est la rigueur du raisonnement qui leur plaît et qui pourra les convaincre.

À noter que C.S. Lewis se garde d'aborder des sujets hautement controversés et jamais éclaircis dans les cercles de théologiens. Il se contente de parler du christianisme, purement et simplement, en somme ce qu'on exige d'un témoin dans une Cour de justice, « dire la vérité, toute la vérité, rien que la vérité », sans entrer dans des considérations casuistiques superflues.

Il vise à présenter un christianisme permanent, c'est-à-dire qui ne dépend pas de l'air du temps mais reste vrai dans toute culture et à toute époque.

C.S. Lewis a une pensée dense et originale. J'ai retrouvé parfois sous sa plume quelque affirmation surprenante, inhabituelle. Le lecteur saura en juger par lui-même, comme il le fait pour d'autres domaines de la connaissance humaine.

À travers la lecture de cet ouvrage, beaucoup de personnes sont venues à Jésus-Christ. Pourquoi n'en serait-il pas de même pour les lecteurs de langue française ?

Aimé VIALA
Traducteur de C.S. Lewis

POUR FAIRE CONNAISSANCE

Le contenu de cet ouvrage fut d'abord diffusé sur les ondes puis édité en trois différentes partie, parues entre 1942 et 1944, où j'ai fait quelques modifications pour l'adapter à l'écrit[1].

Il convient d'avertir le lecteur que je ne suis d'aucune aide à quiconque hésite entre deux dénominations chrétiennes. Je ne veux influencer personne. Je ne cacherai pas pour autant ma position personnelle. Sachez que je suis un membre laïc de l'Église d'Angleterre. Mais dans cet ouvrage, je n'essaie de convertir personne à ma propre conception. J'ai pensé depuis ma conversion que le meilleur service, et peut-être le seul, à rendre à mon entourage incroyant était d'expliquer et de défendre la croyance partagée par la quasi-totalité des chrétiens de tous les temps. J'ai plus d'une raison de m'en tenir à ce point de vue. Tout d'abord, les questions qui divisent les chrétiens comportent souvent des points de haute théologie, ou même d'histoire de l'Église, que seuls doivent aborder des spécialistes confirmés. Je me suis gardé de m'aventurer dans ces eaux profondes, de peur d'en être submergé et d'être obligé d'appeler à l'aide au lieu de porter secours à autrui.

En second lieu, il faut admettre que le débat sur des points contestés ne saurait amener un profane à s'intégrer à

---

[1] C.S. Lewis a rédigé ces textes dans le contexte historique de la Seconde Guerre mondiale. Lui-même avait servi dans l'armée pendant la Première Guerre mondiale et, en 1940, quand les bombardements commencèrent en Grande Bretagne, il devint coordonnateur d'urgence en cas de raid aérien et prononça des allocutions aux hommes de la Royal Air Force qui savaient qu'ils risquaient de bientôt mourir. Leur situation poussa Lewis à leur parler des problèmes de la souffrance et du mal, si bien qu'on l'invita à donner des séries d'émissions sur la radio BBC sur le thème de la foi, finalement rassemblées dans le présent ouvrage.

la communauté des chrétiens. Aussi longtemps que nous écrivons ou discourons sur des divergences, nous incitons vraisemblablement l'incroyant à se tenir à l'écart de toute dénomination, plutôt qu'à rejoindre la nôtre. Jamais nous ne devrions débattre de nos divergences si ce n'est en présence de ceux déjà convaincus qu'il y a un seul Dieu et que Jésus-Christ est son Fils unique.

Finalement, j'ai eu l'impression que des auteurs toujours plus nombreux et plus talentueux s'engageaient dans de telles questions controversées, plutôt que dans la défense de ce que Baxter appelle le « simple » christianisme (*Mere christianity*). La partie du sujet où je pensais pouvoir me rendre le plus utile m'apparut aussi la plus mince. Naturellement, c'est pour elle que j'optai.

Pour autant que je sache, tel fut mon seul mobile, et j'espère que le lecteur ne tirera pas des déductions fantaisistes de mon silence sur certains sujets contestés.

Mon silence ne signifie pas, par exemple, que j'attends en observateur de voir d'où vient le vent, même si cela m'arrive parfois. Il y a entre chrétiens des questions en litige auxquelles, à mon sens, nous n'avons pas reçu de réponse. Il y a des questions auxquelles je n'aurai peut-être jamais de réponse. Si je les posais – même dans un monde meilleur – on pourrait me répondre : « Que t'importe ! Toi, suis-moi. » Mais sur d'autres questions j'ai nettement pris parti, et cependant j'observe ici le silence. J'écris, en effet, non pour présenter ce que je pourrais appeler « ma religion », mais pour exposer le « simple » christianisme, tel qu'il est et a toujours été, bien avant ma naissance, que cela me plaise ou non.

Certains tirent des conclusions hasardeuses du fait que je ne dise rien de plus sur la vierge Marie que l'affirmation de la naissance virginale du Christ. Ma raison pour ne pas en dire davantage n'est-elle pas évidente ? En dire plus m'engagerait immédiatement dans des débats hautement controversés. Or il n'y a pas entre chrétiens de divergence qui nécessite d'être abordée plus délicatement. Le dogme catholique sur ce point est défendu non seulement avec la ferveur habituelle s'attachant à toute croyance religieuse sincère, mais (et c'est bien naturel) avec la sensibilité « chevaleresque » qu'un homme éprouve quand l'honneur de sa mère ou de sa bien-aimée est en jeu. Il est très difficile sur ce point de donner une autre opinion sans passer pour un cuistre ou un hérétique. À l'opposé, la croyance des protestants sur ce sujet suscite des sentiments qui touchent aux racines mêmes de tout monothéisme. Aux protestants convaincus, il semble que la distinction entre le Créateur et la créature (si sainte soit-elle) est mise en péril, que le spectre du polythéisme se dresse à nouveau. En conséquence, il est dur de les dissuader que vous n'êtes pas pire qu'un hérétique : un païen. S'il y a un sujet propre à saborder un livre sur le « simple » christianisme, si un thème reste vraiment sans profit pour le lecteur non encore convaincu que le fils de la vierge Marie est Dieu, c'est sans aucun doute celui-là.

Aussi bizarre que cela puisse paraître, vous ne pourrez pas pour autant conclure, d'après mon silence sur des points controversés, si je les considère comme importants ou non, car ce serait un nouveau facteur de contestation. Sachez que l'un des points sur lesquels les chrétiens sont en désaccord, c'est justement l'importance même de leurs désaccords. Lorsque deux chrétiens, membres de dénominations différentes, commencent une controverse, il ne faut pas longtemps avant que l'un demande en quoi le sujet abordé est si important et que l'autre réplique : « Mais il est absolument essentiel ! »

Si j'en viens à préciser ceci, c'est pour présenter le type de livre dont il s'agit ici et non pour dissimuler ou fuir la responsabilité de mes propres convictions qui ne sont un secret pour personne. J'adopte celles exposées dans le « Common Prayer Book » (confession de foi et liturgie de l'Église Anglicane).

Le danger était, évidemment, de dire que telle doctrine est largement admise au sein du christianisme alors qu'il s'agit d'une notion spécifique à l'Église d'Angleterre ou (pire encore) à moi-même. J'ai tenté de me garder de ce danger en soumettant la deuxième partie du manuscrit à quatre ecclésiastiques (anglican, méthodiste, réformé et catholique) pour solliciter leurs critiques respectives. Le méthodiste a pensé que je n'avais pas été assez explicite au sujet de la foi, et le prêtre catholique a estimé que j'avais été trop loin au sujet de l'importance relative des diverses conceptions de l'expiation. Ceci mis à part, nous nous sommes retrouvés tous d'accord. Je n'ai pas présenté les autres textes de ce volume à leur examen. Car, bien que des divergences puissent encore apparaître parmi les chrétiens, il ne s'agira que de simples désaccords entre individus ou écoles de pensée, et non entre dénominations.

Pour autant que je puisse en juger d'après les revues et les nombreuses lettres reçues, le livre, malgré ses imperfections sous d'autres aspects, a tout au moins réussi à présenter un christianisme admis par tous ou commun à tous, que j'appelle le christianisme pur et simple. Aussi, il impose silence à ceux qui affirment qu'en évitant des questions contestées, il ne reste plus qu'un PGCD (plus grand commun diviseur) vague et sans corps. Le PGCD se révèle non seulement conséquent mais incisif, séparé de toutes les croyances non-chrétiennes par un abîme auquel les pires divisions internes de la chrétienté ne peuvent en rien se comparer. Si je n'ai pas directement contribué à la cause de l'unité des chrétiens, j'en ai peut-être mis en lumière la raison. Sans aucun doute, j'ai ressenti bien peu de ce légendaire *Odium theologicum*[1] de la part de membres convaincus de confessions différentes de la mienne. L'hostilité est venue davantage de gens marginaux, que ce soit dans l'Église Anglicane ou non, des hommes qui ne souscrivent à aucune confession. Curieusement, ça me console. Il existe entre les différentes confessions une communion d'esprit, même s'il n'y a pas unité de doctrine. Elle vient du cœur de chacune d'elles et se développe parmi ses membres les plus fidèles. Ceci prouve bien qu'au cœur de chacune d'elles, quelque chose ou Quelqu'un – malgré les divergences de

[1] Odium theologicum : une amertume assez forte caractérisant des théologiens qui ne sont pas d'accord dans leurs interprétations (du latin *odium*, la haine).

croyance, les différences de tempérament et le souvenir de persécutions réciproques – parle avec la même voix.

J'en ai terminé quant aux omissions sur le plan doctrinal. Dans la troisième partie traitant de la morale, j'ai aussi gardé le silence sur quelques points, mais pour une autre raison. Fantassin durant la première guerre mondiale, j'ai toujours éprouvé, depuis, de l'antipathie pour les gens, tranquilles et bien à l'abri, qui prodiguent des exhortations aux combattants des premières lignes. De ce fait, je répugne à parler de tentations auxquelles je ne suis pas personnellement exposé. Aucun homme, je suppose, ne subit la tentation de tous les péchés. Il se trouve, par exemple, que le désir de jouer aux jeux de hasard n'est pas dans mon tempérament. Indubitablement, en revanche, il me manque quelques bonnes impulsions, dont la passion du jeu ne constitue que l'excès ou la perversion. Je ne me sens donc pas qualifié pour donner des conseils sur ce qui est permis ou interdit dans les jeux de hasard. En est-il qu'on puisse autoriser ? Je n'en ai aucune idée. Je n'ai rien dit non plus sur la limitation des naissances. Je ne suis ni une femme, ni même un homme marié[2], ni un prêtre. Je n'ai pas non plus jugé bon d'adopter une ligne de conduite rigide concernant les souffrances, les dangers et les ennuis d'argent dont ma situation et mon état de santé me mettent à l'abri. Aucune responsabilité pastorale ne m'obligeait à prendre parti.

On a soulevé des objections bien plus vives quant à mon utilisation du mot *chrétien* qui désigne pour moi celui qui accepte les doctrines fondamentales du christianisme. On peut me demander : « Qu'êtes-vous pour juger qui est chrétien ou non ? » ou encore : « Maints individus n'adhérant pas à ces doctrines ne peuvent-ils être des chrétiens plus près de l'Esprit du Christ que certains qui les adoptent ? » Certes, cette objection est un modèle de justice, de charité, de spiritualité et de sensibilité. Elle possède toutes les qualités, sauf un caractère pratique.

[2] L'auteur s'est marié plus tard, en 1956.

Utiliser des termes comme ces opposants le voudraient nous conduirait droit au désastre. Essayons d'y voir plus clair en étudiant l'historique d'un autre mot beaucoup moins important.

Le mot *gentleman* désignait à l'origine un homme qui possédait des armoiries et des biens fonciers.

La qualité de « gentleman » n'était pas décernée à quelqu'un comme un compliment, mais constatait simplement un fait. Et ne pas être un « gentleman » n'était pas une insulte, mais une précision. Affirmer que Jean était à la fois menteur et gentleman n'était pas contradictoire, tout comme aujourd'hui, nous taxons à la fois Jacques d'imbécile et de licencié en géographie ou en droit. Mais vinrent des gens qui dirent – avec tellement de justesse, de charité, de spiritualité, de bon sens, mais non de sens pratique : « Ah ! sans aucun doute, ce n'est pas par sa propriété foncière ou ses armoiries qu'on découvre un vrai gentleman, mais par sa conduite ! Le vrai gentleman n'est-il pas celui qui se conduit comme tel ? Dans ce sens, Édouard n'est-il pas bien plus gentleman que Jean ? » Cette conception est tout à fait justifiée. Être honorable, courtois et courageux est, évidemment, bien plus valable que d'arborer des armoiries. Mais alors le terme ne prend plus le même sens. Pire encore, cette notion ne rencontrera pas un accord unanime. Appeler quelqu'un « gentleman », en ce sens nouveau et affiné, n'est plus une façon de donner une information à son sujet, mais une façon de le louer. Nier qu'il soit un « gentleman » devient une insulte. Lorsqu'un mot cesse d'être un terme de description et devient uniquement un terme de louange, il ne vous informe plus des faits relatifs à l'objet, il vous indique l'attitude de l'interlocuteur envers cet objet. (Un « bon » repas signifie seulement un repas apprécié par celui qui en parle.) Un *gentleman*, une fois que le terme a été spiritualisé et affiné, dépouillé de son vieux sens matériel et objectif, ne signifie guère plus qu'un homme apprécié par celui qui parle de lui. Résultat, *gentleman* est maintenant un terme vide de sens. Nous disposions déjà de nombreux termes d'estime ; ce mot n'était donc pas nécessaire. D'autre part, si quelqu'un veut l'utiliser dans son sens désuet, dans un ouvrage historique par exemple, il ne peut le faire sans l'expliciter. Pour cet usage-là, le sens du mot a été altéré.

Or, si nous permettions aux gens de spiritualiser, d'affiner ou d'approfondir le sens du mot *chrétien*, il deviendrait lui aussi rapidement un mot inutile. En premier lieu, les chrétiens eux-mêmes ne pourraient jamais l'appliquer à qui que ce soit. Il ne nous appartient pas de dire qui, au sens le plus profond, est ou n'est pas inspiré par le Christ. Nous ne lisons pas dans le cœur d'un homme. Nous n'avons aucune aptitude à juger car cela nous est interdit. Ce serait faire preuve d'une arrogance perverse de prétendre qu'un homme est ou n'est pas, dans ce sens affiné, un chrétien. Manifestement, un mot que nous ne pouvons jamais utiliser à juste titre ne saurait être très utile. Quant aux incroyants, soyez-en sûrs, ils utiliseront allègrement ce mot dans son sens le plus élevé. Dans leur bouche, il deviendra rapidement un terme de louange. Un « chrétien » sera pour eux un homme de bien. Mais cette appellation n'enrichira pas la langue davantage, car nous avons déjà les mots *bon, bien*. Entre-temps, le mot *chrétien* aura été altéré et rendu impropre à servir tout but réellement utile.

Il faut donc nous en tenir fermement au sens originel évident. Le nom *chrétien* fut décerné pour la première fois à Antioche (Actes 11.26) aux « disciples », à ceux qui acceptaient l'enseignement des apôtres. Il n'est pas question de restreindre cette appellation à ceux qui profitèrent au maximum de cet enseignement. Il n'est pas question de l'étendre à ceux qui, de quelque façon épurée, spirituelle, intérieure, étaient « bien plus proches de l'Esprit du Christ » que les moins satisfaisants des disciples. Ce n'est pas là un point théologique ou moral. C'est juste une question d'utilisation de mots qui permet à tous de comprendre ce qu'on dit. Quand un homme accepte la doctrine chrétienne et vit d'une façon indigne de sa foi, il est beaucoup plus clair de dire qu'il est un mauvais chrétien plutôt que de conclure qu'il n'est pas chrétien du tout.

Aucun lecteur, je l'espère, ne supposera que les fondements du christianisme sont exposés ici à titre d'éventuel substitut aux confessions existantes – comme si un homme pouvait les adopter de préférence au congrégationalisme ou au *credo* orthodoxe grec, ou à toute autre confession de foi. Il s'agit plutôt d'un hall d'entrée avec des portes qui donnent sur plusieurs pièces. Si je peux amener quelqu'un dans ce hall, j'aurai réussi dans ma tentative. Mais c'est dans les pièces de la maison et non dans le vestibule qu'on s'assied autour du feu ou que l'on s'installe pour le repas. Le hall est une salle d'attente, un lieu de passage, non un endroit où l'on vit. C'est pourquoi, la moins confortable des pièces (quelle qu'elle soit) est, à mon avis, préférable. Sans doute quelques personnes estiment devoir attendre longtemps dans le hall, alors que d'autres sentent presque d'emblée à quelle porte elles doivent frapper. Je ne sais pourquoi cette différence existe, mais je suis sûr que Dieu ne laisse personne attendre, si ce n'est pour son bien. Quand enfin vous entrerez dans la pièce choisie, vous trouverez que la longue attente vous a fait un bien dont, autrement, vous auriez été frustré. Mais il faut considérer ce temps comme une attente, non comme du camping. Vous devez prier sans cesse pour être guidé et, naturellement, même dans le hall, il vous faut commencer par respecter les règles communes à toute la demeure. Par-dessus tout, il faut se demander quelle est la bonne porte, et non pas celle qui vous plaît le plus à cause de sa peinture ou de ses moulures. Sans ambages, la question ne devrait jamais être : « Cette forme de culte me plaît-elle ? » mais « Ces doctrines sont-elles vraies ? Est-ce le domaine de la sainteté ? Ma conscience m'incline-t-elle vers cette confession ? Ma répugnance à frapper à cette porte est-elle due à mon orgueil, à mon goût personnel, à l'antipathie que j'éprouve à l'égard du portier ? »

Quand vous aurez franchi la porte choisie, soyez bon pour ceux qui ont emprunté d'autres accès et pour ceux qui sont encore dans le hall. S'ils ont tort, ils ont d'autant plus besoin de vos prières ; et si ce sont vos ennemis, alors il vous est recommandé de prier pour eux. C'est là une des règles communes à tous ceux qui habitent la maison.

Première partie

LE BIEN ET LE MAL
CLÉ DU SENS DE L'UNIVERS

1

LA LOI DE LA NATURE HUMAINE

Vous est-il arrivé d'entendre des gens se quereller ? C'est quelquefois amusant mais parfois franchement déplaisant. Quoi qu'il en soit, nous pouvons apprendre une leçon importante en écoutant ce que les gens disent quand ils s'insurgent. Par exemple : « Tu aimerais qu'on te fasse la même chose ? » – « C'est ma chaise, j'y étais avant toi ! » – « Laissez-le tranquille, il ne vous a rien fait ! » – « De quel droit jouez-vous des coudes pour doubler tout le monde ? » – « Donne-moi un peu de ton orange, je t'en ai bien donné ! » – « Allez, tu l'as promis ! » On entend cela tous les jours, que ce soit dans la bouche de gens éduqués ou non, enfants comme adultes...

Ce qui m'intéresse dans ces disputes, c'est que le plaignant n'implique pas seulement que la conduite de son interlocuteur ne lui convient pas. Il en appelle aussi à un modèle de conduite que son vis-à-vis ne devrait pas ignorer. Et il est bien rare que l'autre réplique : « Va au diable avec tes principes ! » Presque toujours il essaie d'expliquer qu'il n'a pas vraiment enfreint les règles communément admises, ou que, s'il l'a fait, il avait une bonne raison de le faire. Il prétend que, dans ce cas particulier, la personne ayant occupé le siège n'a pas à le garder, ou que la situation était tout à fait différente quand on lui avait donné de l'orange, ou qu'un événement fortuit l'a empêché de tenir sa promesse... Manifestement, les deux parties ont à l'esprit une sorte de Loi ou Règle de franc-jeu ou de bonne conduite (quel que soit le nom qu'on lui donne) sur laquelle ils se basent. Sinon, ils pourraient bien sûr se battre comme des animaux, mais pas se quereller au sens humain du terme, c'est-à-dire chercher à prouver que l'autre a tort. Se quereller ainsi n'aurait aucun sens si l'un et l'autre n'étaient à peu près d'accord sur la notion du Bien et du Mal, tout comme il n'y aurait aucun sens à sanctionner la faute d'un joueur de football sans un accord préalable sur les règles.

Or, cette Loi ou Règle concernant le Bien et le Mal était autrefois appelée la Loi Naturelle. De nos jours, quand nous parlons des « lois de la nature », nous pensons habituellement à des phénomènes physiques comme la gravitation, l'hérédité ou les lois de la chimie. Mais quand les penseurs d'autrefois appelaient « Loi Naturelle » la Loi du Bien et du Mal, ils pensaient en fait à la Loi de la Nature Humaine. L'idée était la suivante : de même que tous les corps sont gouvernés par la loi de la gravitation et les organes par les lois biologiques, la créature appelée homme a aussi sa loi. Cette dernière est pourtant très différente : alors qu'un corps ne peut choisir s'il doit obéir ou non à la loi de la gravitation, un homme peut choisir d'obéir ou non à la Loi de la Nature Humaine.

Disons les choses autrement. Tout homme est, à tout instant, soumis à différents types de lois, mais il n'y en a qu'une à laquelle il a la liberté de désobéir. En tant que corps, il est soumis à la gravitation ; si vous le laissez sans support dans l'air, il n'a pas le choix, il tombera comme une pierre. L'organisme de l'homme, comme celui de l'animal, est soumis aux lois biologiques et ne peut les transgresser. Autrement dit, l'homme ne peut désobéir à ces lois qu'il partage avec les animaux, les objets... Par contre, la loi du Bien et du Mal spécifique à sa nature humaine, qui le différencie des animaux, des végétaux ou des choses inorganiques, est la seule qu'il puisse violer s'il le veut.

On appelait cette loi « Loi Naturelle » car les gens pensaient que chacun la connaissait d'instinct et n'avait nul besoin d'être enseigné. Ils ne prétendaient pas, naturellement, qu'on ne puisse rencontrer ici et là un individu excentrique ignorant cette loi, tout comme vous trouvez quelques personnes qui ne discernent pas les couleurs ou ne peuvent retenir une mélodie. Mais, considérant la race humaine comme une entité, ils pensaient que l'idée du Bien était une évidence pour chacun. N'avaient-ils pas raison ? S'ils avaient eu tort, tout ce que nous avons dit sur la Deuxième Guerre mondiale est un non-sens. Quel intérêt de dire que l'ennemi a eu tort, si le Bien n'est pas une réalité que les nazis connaissaient autant que nous et auraient dû mettre en œuvre ? S'ils n'avaient eu aucune notion de ce que nous entendons par Bien, alors nous n'aurions pu les blâmer davantage pour leurs actes que pour la couleur de leurs cheveux, même s'il nous aurait fallu quand même les combattre.

L'idée d'une Loi Naturelle ou d'une bonne conduite connue de tous est contestable, disent certains, et ce parce que diverses civilisations et époques ont eu des morales foncièrement différentes. Ce n'est pas vrai. Certes, on trouve des différences entre leurs morales, mais elles n'ont jamais atteint un degré de divergence totale. Quiconque, prenant la peine de comparer l'enseignement moral des anciens Égyptiens, Babyloniens, Hindous, Chinois, Grecs et Romains, serait frappé de constater combien ces morales se ressemblent et sont proches de la nôtre. Pour ne pas nous éloigner de notre sujet, je prie simplement le lecteur de réfléchir à ce que signifierait une morale entièrement différente. Imaginez un pays où l'admiration irait aux déserteurs et où on serait fier de trahir ses meilleurs amis. Ce serait imaginer un pays où deux plus deux feraient cinq. Les hommes peuvent avoir une opinion différente quant aux personnes avec lesquelles il ne faut pas être égoïste – leur famille, leurs concitoyens ou simplement tout le monde. Mais tous reconnaissent qu'il ne faut pas vivre que pour soi. L'égoïsme n'a jamais été un objet d'admiration. Et même si les hommes ont des avis différents quant au nombre d'épouses qu'ils peuvent avoir, ils ont toujours été d'accord sur un point : l'homme ne peut posséder chaque femme qu'il désire.

Mais voici l'observation la plus remarquable : chaque fois qu'un homme affirme ne pas croire que le Bien et le Mal existent vraiment, vous le surprenez à se contredire peu après. Il peut ne pas avoir tenu une promesse qu'il vous a faite, mais si vous essayez de ne pas tenir la vôtre, il s'écriera « ce n'est pas juste », avant même que vous ayez pu ouvrir la bouche. Une nation peut arguer que les traités conclus n'ont pas de valeur et, l'instant d'après, affirmer que celui qu'elle veut rompre est injuste. Or, si les traités sont sans valeur, et si le Bien et le Mal n'existent pas – autrement dit s'il n'y a pas de Loi Naturelle – quelle différence y a-t-il entre un traité juste et un autre injuste ? Cet homme ou cette nation ne se sont-ils pas trahis et n'ont-ils pas montré qu'en dépit de leurs affirmations, ils connaissent la Loi Naturelle ?

Nous voilà donc contraints de croire au Bien et au Mal. On peut quelquefois se tromper, comme il arrive de faire une erreur dans une addition ; mais ce n'est pas une affaire de goût ni d'opinion, de même que la table de multiplication n'est pas une question de goût ni d'opinion. Si donc nous sommes d'accord sur ce point, passons au suivant. Aucun de nous ne respecte vraiment la Loi Naturelle. S'il en est parmi vous qui fassent exception à la règle, je les prie de m'excuser. Il vaudrait mieux qu'ils lisent un autre livre, car rien de ce que je vais dire ne les concerne. Je m'adresse plutôt aux êtres humains normaux.

Ne vous méprenez pas maintenant sur mes intentions. Je ne veux pas faire un sermon – car je ne prétends pas être meilleur que d'autres – j'essaie seulement d'établir le fait suivant : nous n'avons pas réussi à pratiquer la conduite que nous attendons d'autrui. Que d'excuses nous inventons ! Lorsque vous avez agi injustement avec votre enfant, c'est que vous étiez très fatigué… Cette affaire d'argent quelque peu louche – quasiment oubliée – n'est-elle pas due à une période critique dans votre vie ? Et votre promesse en faveur d'un déshérité et que vous n'avez jamais tenue… l'auriez-vous faite si vous aviez su à quel point vous seriez débordé ? Quant à votre attitude envers votre conjoint, votre frère ou votre sœur, si je savais comme ils sont énervants, je ne m'en étonnerais pas – et d'ailleurs qui suis-je pour m'occuper de vos affaires !

Je suis comme les autres. C'est-à-dire que je ne réussis pas non plus à respecter la Loi Naturelle. Dès que l'on me signale mes travers, un long chapelet d'excuses naît aussitôt dans mon esprit. Et la question du moment n'est pas de savoir si mes excuses sont bonnes. Que cela nous plaise ou non, nos excuses mêmes prouvent que nous croyons à la Loi Naturelle. Si nous ne croyions pas en une règle de bonne conduite, pourquoi serions-nous si anxieux de trouver des excuses à nos manquements ? En vérité, nous sommes tellement attachés à la bienséance – la Règle de la Loi s'impose tellement à nous – que nous ne supportons pas l'idée d'avoir pu la bafouer. Ceci nous entraîne à esquiver notre responsabilité. C'est donc pour justifier notre conduite déplorable que nous avançons maintes explications. Elle est due à la fatigue, à nos préoccupations ou à la faim ; mais notre bon caractère, nous le mettons sur notre propre compte.

Tels sont les deux points que je voulais mettre en valeur. En premier lieu, que les êtres humains par toute la Terre ont cette curieuse idée d'un code de conduite pré-établi qu'ils ne peuvent ignorer. Deuxièmement, qu'en réalité ils n'agissent pas conformément à ce code. Ils connaissent la Loi Naturelle et la transgressent. Ces deux constatations fondent toute réflexion lucide sur nous-mêmes et sur l'univers dans lequel nous vivons.

2

QUELQUES OBJECTIONS

S'il s'agit là des points fondamentaux, il vaut mieux consolider ce fondement avant de poursuivre. Plusieurs lettres que j'ai reçues me montrent que beaucoup de gens saisissent mal ce qu'est la Loi de la Nature Humaine, ou la Loi Morale, ou ce que sont les Règles de Bonne Conduite.

On m'a écrit, par exemple : « Cette Loi Morale ne résulte-t-elle pas d'un instinct grégaire, c'est-à-dire quasi animal ? Ne s'est-elle pas développée comme tous nos autres instincts ? » Je ne nie pas, en effet, que nous possédions un instinct grégaire ; mais ce n'est pas ce que j'entends par Loi Morale. Rappelez-vous ce que vous ressentez lorsque l'instinct vous aiguillonne : l'amour maternel, l'instinct sexuel ou la faim. Vous éprouvez alors le besoin impérieux d'agir d'une certaine façon. Naturellement, nous pouvons ressentir de la même façon le désir d'aider quelqu'un, et sans aucun doute cette pulsion relève de l'instinct grégaire. Mais le désir d'aider est tout à fait différent du sens du devoir. Supposez que vous entendiez l'appel de détresse d'une personne en danger. Vous aurez probablement deux désirs : celui de porter secours (relevant de votre instinct grégaire), et celui de vous écarter du danger (relevant de votre instinct de conservation). Mais en plus de ces deux pulsions, vous trouveriez en vous-même quelque chose qui vous dit de suivre votre premier désir, celui d'aider, et donc de refouler celui de fuir. Or, cet élément qui juge entre deux instincts et décide lequel mérite d'être encouragé ne saurait être l'un des deux. Sinon, ce serait comme si la partition musicale vous indiquant de jouer telle note sur le piano plutôt qu'une autre, était elle-même une note du clavier. La Loi Morale indique la mélodie qu'il faut jouer. Nos instincts sont les touches.

Voici maintenant une autre façon de montrer que la Loi Morale n'est pas simplement un instinct. Si deux instincts entrent en conflit et que rien d'autre n'entre en ligne de compte dans notre esprit, manifestement l'instinct le plus fort devrait l'emporter. Mais dans les moments où nous avons le plus conscience de la Loi Morale, elle nous incline habituellement en faveur de la plus faible des deux pulsions. On préférerait sans doute rester sain et sauf plutôt que de courir au secours de l'homme qui se noie. Mais la Loi Morale nous demande de le secourir malgré tout. Elle donne souvent à notre « bonne » pulsion plus de vigueur qu'elle n'en a naturellement ! Par devoir, nous stimulons l'instinct grégaire. Par exemple nous faisons travailler notre imagination ou nous éveillons notre compassion afin d'accomplir l'acte juste. Mais il est clair que ce n'est pas instinctivement que nous rendons une pulsion plus puissante qu'elle ne l'est en réalité. Cette petite voix qui nous chuchote : « Ton instinct grégaire est endormi, réveille-le », ne peut provenir de cet instinct. D'où provient notre inspiration de jouer plus ou moins fort certaines notes de musique ? Elle ne peut venir des notes elles-mêmes.

Et voici une troisième façon de présenter les choses. Si la Loi Morale était l'un de nos instincts, nous devrions être aptes à sélectionner en nous la pulsion qui serait toujours la « bonne », toujours en accord avec les règles de bonne conduite. Or, nous ne le pouvons pas. Aucune de nos pulsions n'est exempte de la nécessité morale d'être refoulée ou encouragée. C'est une erreur de penser que certaines de nos tendances, comme l'amour maternel ou le patriotisme, sont bonnes et que d'autres, comme l'instinct sexuel ou l'envie de se battre, sont mauvaises. Nous voulons seulement dire que l'instinct de lutte ou le désir sexuel doivent être réfrénés plus fréquemment que l'amour maternel ou le patriotisme. Mais il peut arriver qu'un époux ait le devoir d'encourager son instinct sexuel comme un soldat son instinct de lutte. Dans certains cas, l'amour d'une mère pour ses enfants, ou la passion d'un homme pour son pays, doivent être écartés de peur qu'ils ne conduisent à une attitude injuste envers les enfants des autres ou envers les nations étrangères. À vrai dire, il n'y a pas de bonnes ou de mauvaises pulsions en soi. Pensez encore au piano. Il ne possède pas deux catégories de notes, les « bonnes » et les « mauvaises ». Chaque note est bonne à un moment donné et mauvaise à un autre. La Loi Morale n'est pas un instinct spécifique ou une panoplie d'instincts. C'est quelque chose qui produit une mélodie (que nous appelons bonté ou bonne conduite) en dirigeant nos instincts.

Cette constatation a de grandes implications pratiques. L'attitude la plus dangereuse que l'on puisse avoir consiste à sélectionner une de nos pulsions naturelles pour l'ériger en guide et la suivre à tout prix. Chacune peut nous transformer en démon si nous en faisons un guide absolu ! Par exemple, si vous pensez que l'amour de l'humanité est un objectif sûr, vous vous trompez. Si vous excluez la justice, vous irez jusqu'à rompre vos alliances et porter de faux témoignages « en faveur de l'humanité ». Vous deviendrez finalement une personne cruelle et déloyale.

D'autres personnes m'ont écrit : « Cette Loi Morale, n'est-elle pas simplement une convention sociale, quelque idéal que nous inculque l'éducation ? » Je crois que cette opinion relève d'un malentendu. Les personnes qui posent cette question supposent généralement que tout ce que nous avons appris de nos parents et de nos enseignants n'est qu'invention humaine ; mais ce n'est pas le cas. On nous enseigne à l'école la table de multiplication. Un enfant qui grandirait solitaire sur une île déserte ne la connaîtrait pas. La table de multiplication ne serait pas pour autant une convention inventée par les hommes et elle n'aurait pas été différente s'ils l'avaient voulu ! Je suis pleinement d'accord que nous apprenons de nos parents, de nos enseignants, de nos amis et de livres la Règle de Bonne Conduite, comme nous recevons d'eux tout le reste. Mais si certaines des règles enseignées ne sont que de pures conventions très différentes selon les pays, d'autres pourtant, comme les mathématiques, sont des vérités avérées.

La question est de savoir à quelle classe appartient la Loi de la Nature Humaine.

Deux raisons permettent d'affirmer qu'elle est une vérité autant que le sont les mathématiques. La première est que, comme je l'ai dit dans le premier chapitre, même si les principes moraux varient selon l'époque et le pays, les différences ne sont finalement pas très grandes, et moins importantes que ne l'imaginent la plupart des gens. On peut repérer la même loi qui les inspire, alors que les pures conventions, tels le code de la route ou la mode vestimentaire, peuvent diverger beaucoup plus. L'autre raison est la suivante : Quand vous considérez les différences entre les peuples sur le plan de la morale, vous arrive-t-il de penser que la morale d'un peuple a toujours été meilleure ou pire que celle d'un autre ? Parmi les changements intervenus, y a-t-il eu des améliorations ? S'il n'en est rien, alors aucun progrès moral n'est possible. Le progrès signifie non pas simplement un changement, mais un changement vers le mieux. Si aucun code moral n'est plus vrai ou meilleur qu'un autre, pourquoi préférerait-on la morale des civilisés à celle des sauvages, ou la morale chrétienne à celle des nazis ? En fait, nous croyons tous fermement que certaines morales sont supérieures à d'autres. Nous croyons que des individus qui ont tenté de changer les principes moraux de leur époque étaient des réformateurs ou des pionniers, des personnes qui avaient une meilleure conception de la morale que leur entourage.

Dès l'instant où vous affirmez qu'une morale est meilleure qu'une autre, vous vous référez à une norme qui fait autorité. Mais le critère de jugement que vous appliquez à ces morales n'est pas de la même nature que ces morales. En réalité, vous les confrontez à quelque morale vraie, qui doit exister réellement, indépendamment de ce que pensent les gens. Vous considérez que les idées de certains sont plus proches de cette valeur suprême que d'autres. Autrement dit, si vos principes moraux peuvent être plus vrais, et ceux des nazis moins vrais, il doit exister quelque morale étalon qui sert de référence. La raison pour laquelle votre idée de New York peut être plus juste ou moins juste que la mienne, tient au fait que New York est un lieu réel, existant indépendamment de ce que nous pensons l'un et l'autre. Si chacun parlait seulement de « la ville qu'il imagine dans sa tête », comment l'un de nous pourrait-il s'en faire une idée plus juste que l'autre ? La vérité ou l'erreur n'entreraient plus en ligne de compte. De même, si la Règle de Bonne Conduite signifiait seulement « ce qu'une nation approuve », il serait absurde de dire qu'une nation au cours de son histoire a eu un code moral meilleur qu'une autre ; prétendre que le monde puisse devenir meilleur ou pire sur le plan moral serait d'ailleurs tout aussi insensé.

Je conclus donc. Bien que différentes personnes aient différents principes moraux et que ceci nous fasse douter de l'existence d'une Loi naturelle de Bonne Conduite, ce que nous pensons au sujet de ces différences prouve exactement le contraire. Encore un mot avant de terminer. J'ai rencontré des personnes qui amplifient les divergences, car elles ne distinguent pas entre les différences d'ordre moral et celles qui touchent à l'interprétation des faits. Ainsi, un homme m'a dit : « Voici trois cents ans, en Angleterre, on mettait à mort les sorcières. Est-ce que vous attribuez ceci à la Loi de la Nature Humaine, la Bonne Conduite ? » Or, ce qui nous empêche de faire exécuter des sorcières, c'est que nous ne croyons plus en leur existence. Si nous croyions qu'il existe des gens ayant vendu leur âme au diable et recevant en échange des pouvoirs surnaturels qu'ils utilisent pour tuer, rendre fou ou provoquer la pluie, nous serions sûrement tous d'accord pour que ces maudits collaborateurs du diable soient mis à mort. On n'a pas changé de principe moral. Le changement ne concerne que notre interprétation des faits. Ne plus croire aux sorcières peut constituer un grand progrès, mais il n'y a aucun progrès à ne pas les exécuter, puisqu'on nie leur existence. La conduite d'un homme ne serait pas plus compatissante pour autant si, persuadé de l'absence totale de souris dans sa maison, il n'y installerait plus de souricières.

3

LA RÉALITÉ DE LA LOI

Revenons maintenant à ce que j'ai dit à la fin du premier chapitre, à savoir qu'on est appelé à faire deux constatations curieuses. Premièrement, les hommes sont hantés par l'idée d'un code de conduite qu'ils doivent adopter, qu'on appelle le franc-jeu, les convenances, la morale, ou la Loi Naturelle. Deuxièmement, en réalité ils n'agissent pas conformément à cette loi.

Certains d'entre vous se demandent peut-être pourquoi j'utilise le qualificatif « curieuses ». Vous pensez qu'il n'y a là rien de plus naturel. Peut-être estimez-vous que je juge trop durement la race humaine. Après tout, diriez-vous, ce que j'appelle désobéir à la Loi du Bien et du Mal ou à la Loi Naturelle, signifie simplement que les gens ne sont pas parfaits. Et pourquoi devraient-ils l'être ? Ce serait une bonne réponse si mon but était de définir dans quelle mesure nous sommes fautifs lorsque nous ne nous conduisons pas comme nous l'attendons des autres. Mais là n'est pas la question. Pour le moment, sans m'intéresser au poids de notre faute, j'essaie de découvrir la vérité. Et de ce point de vue, l'idée même que quelque chose soit imparfait, ou ne soit pas ce qu'il devrait être, entraîne certaines conséquences.

Si vous prenez un objet, par exemple une pierre ou un arbre, il est ce qu'il est, et dire qu'il devrait être autre serait un non-sens. Certes, vous pouvez dire qu'une pierre a « une mauvaise forme » si vous désirez l'utiliser comme rocaille de jardin, ou qu'un arbre est « mauvais » parce qu'il ne vous donne pas tout l'ombrage désiré. Mais ce que vous voulez dire, tout bonnement, c'est que la pierre ou l'arbre ne conviennent pas à l'usage que vous voulez en faire. Et vous ne pouvez pas, sauf à titre de plaisanterie, les blâmer pour cela. Vous savez bien, étant donné le temps et le sol, que l'arbre ne pouvait être différent. Ce que nous appelons le « mauvais » arbre obéit pourtant aux lois de sa nature, tout autant qu'un « bon » arbre.

Or, avez-vous remarqué comme moi ce qui en découle ? Ce que nous appelons communément les lois de la nature – par exemple la façon dont le temps influe sur la croissance des arbres – ne sont peut-être pas des « lois » au sens strict du terme, mais c'est juste une façon de parler. Lorsque vous dites que les pierres obéissent toujours, en tombant, à la loi de la pesanteur, cela ne revient-il pas à dire que la loi signifie simplement « ce que les pierres font toujours » ? Vous ne pensez pas vraiment que lorsqu'une pierre est lâchée dans l'air, elle se rappelle soudain à l'ordre de choir. Vous voulez seulement dire qu'en fait, elle tombe. En d'autres termes, vous ne sauriez être sûr qu'il y a quelque chose par-delà les faits eux-mêmes, quelque loi commandant ce qui doit arriver, et distincte de ce qui se produit réellement. Les lois de la nature, telles qu'elles s'appliquent aux pierres et aux arbres, décrivent seulement « ce qui se passe réellement dans la nature ». Mais si vous considérez maintenant la Loi de la Nature Humaine, la Règle de la Bonne Conduite, la question est différente. Cette loi ne signifie certainement pas « ce que les humains font » car, comme dit précédemment, nombre d'entre eux n'obéissent pas du tout à cette loi, et aucun ne la respecte complètement. La loi de la pesanteur vous avertit de ce que font les pierres si vous les lâchez. Mais la Loi de la Nature Humaine vous annonce, au contraire, ce que les êtres humains devraient faire et ne font pas. Autrement dit, quand il s'agit des hommes, un autre élément intervient, au-dessus et au-delà des faits. Vous avez les faits (la conduite des hommes) et en plus un autre élément (la façon dont ils devraient se conduire). Dans les autres domaines de l'univers, les faits suffisent par eux-mêmes. Les électrons et les molécules agissent d'une certaine manière, certains résultats en découlent, et les choses s'arrêtent là, du moins au point où nous en sommes de notre raisonnement. Les hommes, quant à eux, se conduisent d'une certaine façon, et les choses ne s'arrêtent pas là, car on sait pertinemment qu'ils devraient se conduire autrement.

Cet état de fait est tellement bizarre qu'on est tenté de vouloir l'expliquer. On peut, par exemple, argumenter que lorsqu'on dit qu'un individu devrait se comporter autrement, on veut simplement dire que, comme une pierre n'a pas la forme souhaitée, les agissements de cet homme vous incommodent. C'est faux, ni plus ni moins. Un individu s'octroyant la meilleure place du compartiment parce qu'il était le premier, ou un homme profitant que je tourne le dos pour déplacer mes bagages de mon emplacement réservé, présentent l'un comme l'autre un désagrément pour moi. Mais je blâme le second et non le premier. Je ne suis pas courroucé – sauf peut-être un instant, avant de me ressaisir – envers un homme qui me fait trébucher par hasard, mais je suis en colère contre celui qui essaie de me faire un croc-en-jambe, même sans succès. Cependant, le premier m'a causé plus de tort que le deuxième. Parfois, la conduite que je baptise mauvaise ne me gêne nullement, bien au contraire. Au cours d'une guerre, nous pouvons juger fort utile un homme qui trahit notre ennemi. Or, bien qu'on utilise ses services et qu'on le rémunère, on le considère comme une vermine humaine. Aussi ne peut-on affirmer que la conduite baptisée correcte chez autrui soit simplement celle qui nous est utile. Quant à notre conduite correcte à nous, elle ne désigne évidemment pas celle qui nous rapporte. Elle consiste, par exemple, à se satisfaire de trente euros quand on aurait pu en obtenir cent, à accomplir honnêtement son devoir scolaire alors qu'on aurait très bien pu tricher, à respecter une jeune fille quoiqu'on éprouve pour elle un violent désir, à rester dans un endroit dangereux quand on préférerait se mettre à l'abri, et à dire la vérité même si on passe pour un imbécile.

Certains disent que même si une conduite convenable ne désigne pas celle qui profiterait à chaque individu à tout instant, elle reste l'attitude la plus bénéfique à la race humaine dans son ensemble et, par conséquent, elle n'a rien de mystérieux. Les êtres humains, après tout, ont quelque bon sens. Ils voient bien qu'on ne peut être en sécurité, ni avoir un quelconque bonheur hors d'une société où chacun joue franc-jeu ; et c'est grâce à cette conviction qu'ils essaient de se conduire décemment. Je suis bien d'accord que la sécurité et le bonheur ne peuvent exister que si les individus, les classes sociales et les nations sont honnêtes et droits les uns à l'égard des autres. C'est l'une des plus importantes vérités au monde. Mais ceci n'explique pas notre sentiment vis-à-vis du Bien et du Mal. Si je vous demande : « Pourquoi ne dois-je pas être égoïste ? » et que vous répliquez : « Parce que c'est profitable pour la société », je rétorque alors : « Pourquoi me soucierais-je de ce qui est bon pour la société si ça ne me rapporte rien à moi personnellement ? » Vous ne pourrez que me répondre : « Parce que vous devez être altruiste », ce qui nous ramène tout bonnement au début de la discussion. Vous dites ce qui est vrai, mais sans aller plus loin. Si un homme demandait quel est l'intérêt de jouer au football, ça ne l'avancerait guère si on lui répondait qu'il s'agit de marquer des buts. Essayer de marquer est le jeu même, non la raison d'être du jeu. Ce serait en somme affirmer que « le football est le football », vérité inutile d'être rappelée. De même, si un individu demandait à quoi sert une bonne conduite, que vaut la réplique « afin que la société en bénéficie » ? Car s'efforcer de rendre service à la société ou être altruiste (« société », après tout, désigne les autres hommes), est l'une des composantes de la bonne conduite, et cela revient à dire que la bonne conduite est la bonne conduite. Vous en auriez dit tout autant si vous vous étiez borné à déclarer : « Les hommes doivent être altruistes. »

Voilà où je voulais en venir. Les hommes devraient être altruistes. Non qu'ils le soient ou qu'ils aiment l'être, mais devraient l'être. La Loi Morale ou la Loi de la Nature Humaine n'est pas simplement un fait relatif au comportement humain comme la loi de la gravité l'est pour les objets. Il ne s'agit pas pour autant d'un simple produit de notre imagination puisque cette idée ne nous quitte pas, et la plupart des appréciations que nous portons sur les hommes seraient absurdes si elle nous quittait. Il ne s'agit pas non plus de la façon dont nous aimerions voir les hommes se conduire à notre égard pour notre propre intérêt. Car la conduite que nous qualifions de mauvaise ou injuste n'est pas tout à fait celle qui nous incommode, elle peut même être l'opposé. En conséquence, cette Règle du Bien et du Mal, ou Loi de la Nature Humaine (ou tout autre nom qu'on veut lui donner) doit, d'une façon ou d'une autre, être une réalité que nous n'avons pas fabriquée mais qui existe en soi. Néanmoins, ce n'est pas un fait au sens habituel du terme, comme notre conduite l'est. Il nous faut admettre qu'il y a plusieurs types de réalités, et qu'il existe, dans ce cas particulier, quelque chose au-dessus et au-delà des faits ordinaires de la conduite humaine, on ne peut plus réel – une loi réelle qu'aucun de nous n'a élaborée, mais dont nous ressentons la pression.

4

QU'Y A-T-IL DERRIÈRE LA LOI ?

Résumons ce que nous avons examiné jusqu'ici. Dans le cas de pierres, d'arbres ou de choses du même ordre, ce que nous appellons Lois de la Nature pourrait n'être qu'une façon de parler. Quand on dit « la nature est gouvernée par certaines lois », cela signifie simplement que la nature se comporte d'une certaine manière. Ces prétendues lois peuvent très bien ne pas être réelles – ne pas se situer au-dessus et au-delà des faits observés. Mais, dans le cas de l'homme, nous voyons bien qu'il n'en va pas de même. La Loi de la Nature Humaine, ou du Bien et du Mal, doit se situer au-dessus et au-delà des faits de la conduite humaine. Il doit exister autre chose que les faits observés, une loi véritable que nous n'avons pas inventée et que nous savons devoir respecter.

Voyons maintenant ce que ceci nous apprend sur l'univers au sein duquel nous vivons. Du plus lointain des âges, les hommes ont joui du privilège de la pensée et ils se sont demandés ce qu'est vraiment cet univers et comment il s'est créé. Grosso-modo, deux points de vue s'affrontent.

Tout d'abord, la conception matérialiste affirme qu'il se trouve que la matière et l'espace existent, et ont toujours existé, sans qu'on sache pourquoi ; et il se trouve que la matière, se comportant selon des processus déterminés, aurait engendré, par un hasard extraordinaire, des créatures comme nous, douées de la pensée. Par une chance sur mille, quelque chose aurait heurté notre soleil, provoquant ainsi l'apparition des planètes. Par une autre coïncidence du même ordre, les éléments chimiques et la température indispensables à la formation de la vie se seraient rencontrés sur l'une de ces planètes, si bien qu'une partie de la matière sur la Terre serait devenue vivante. Ensuite, par une succession fort lente de hasards, les créatures vivantes seraient devenues ce que nous sommes.

Mais la conception religieuse offre un point de vue différent[1]. Selon elle, ce qui se cache derrière l'univers s'identifierait plus à une intelligence qu'à tout autre chose que nous connaissons. Autrement dit, ce quelque chose aurait consciemment des buts déterminés et une préférence pour telle chose plutôt que telle autre. Cette intelligence aurait créé l'univers dans des buts que nous ignorons pour certains, et que nous connaissons pour d'autres, du moins celui de faire des créatures à son image, c'est-à-dire pourvues, elles aussi, d'une intelligence.

De grâce, ne pensez pas que l'un de ces deux points de vue prédominait il y a très longtemps et qu'il fut graduellement surclassé par l'autre. Partout où vécurent des êtres pensants, ces deux conceptions ont cohabité. Notez bien ceci également : on ne saurait découvrir, en s'appuyant sur la science, laquelle des deux théories est la vraie. La science se base sur des expériences et observe les comportements. Chaque affirmation scientifique, si complexe soit-elle, se traduit à la longue par une affirmation du genre : « J'ai pointé le télescope vers cette partie du ciel à 2h20 le 15 janvier et j'ai vu... », ou « J'ai mis 10 grammes de ce produit dans ce creuset que j'ai chauffé à telle température et le résultat a été… » Ne pensez pas que je médise de la science, j'explique seulement comment elle procède. Plus d'un esprit scientifique serait d'accord avec moi, je crois, de dire que c'est bien là le travail de la science, et un travail très utile et tout à fait nécessaire. Mais essayer de savoir pourquoi les choses sont ce qu'elles sont, s'il existe quelque chose de nature différente derrière ce que la science observe, ce n'est plus une question scientifique. S'il y a *quelque chose derrière*, cette chose nous restera toujours inconnue, ou elle se

[1] Se reporter à la note en fin de chapitre.

révélera de manière différente. Affirmer ou infirmer l'existence de cette chose n'appartient pas au domaine de la science. D'ailleurs, en principe, les vrais scientifiques ne s'y hasardent pas. C'est habituellement le lot des journalistes et des romanciers populaires qui ont recueilli dans des manuels quelques bribes d'une science mal assimilée. C'est après tout une question de bon sens. En supposant que la science se perfectionne jusqu'à tout appréhender dans l'immense univers, il est évident que les questions : *Pourquoi y-a-t-il un univers ? Pourquoi fonctionne-t-il comme il le fait ? A-t-il un sens ?* resteraient sans réponse.

La situation serait donc désespérée sans le facteur suivant : dans tout l'univers, il est une chose et une seule sur laquelle nous avons plus d'informations que l'observation externe ne pourrait nous en fournir. Cette chose unique c'est l'homme. Nous ne nous contentons pas de l'observer, nous le *sommes.* C'est le seul cas où notre connaissance nous vient de l'intérieur, si je puis dire. Nous sommes dans le connu.

C'est pourquoi nous savons que les hommes se trouvent sous une loi morale qu'ils n'ont pas faite, qu'ils ne peuvent oublier entièrement même s'ils essaient, et à laquelle ils savent devoir obéissance. Remarquez bien le point suivant : quiconque étudierait l'homme de l'extérieur – comme on étudie l'électricité ou les choux – sans connaître son langage, serait incapable de le connaître en profondeur. Se contentant d'observer ses actes, il ne recueillerait jamais le moindre indice montrant que nous possédons cette loi morale. Comment le pourrait-il puisque ses observations l'instruiraient seulement sur ce que nous faisons, alors que la loi morale porte sur ce que nous devrions faire ? S'il existait également quelque chose au-dessus ou derrière les faits observés relatifs aux pierres ou au temps, en les étudiant du dehors nous ne pourrions jamais espérer le découvrir.

La question se présente donc ainsi. Nous voulons savoir si l'univers existe comme ça, sans raison, ou s'il y a derrière l'univers une puissance qui fait qu'il est ce qu'il est. Puisque cette puissance, si elle existe, ne saurait être l'un des faits observés mais la réalité même qui les aurait créés, rien ne pourrait la révéler. Il existe un seul cas où nous pourrions savoir s'il existe autre chose : notre propre cas. Justement, dans ce cas unique, nous découvrons qu'il y a autre chose.

Tournons les choses autrement. S'il existait hors de l'univers une puissance régissant tout, elle ne pourrait se révéler à nous comme étant l'un des faits au sein de l'univers, pas plus que l'architecte d'une maison ne saurait être un mur, un escalier ou le foyer de cette demeure qu'il aurait conçue. La seule façon dont nous pourrions espérer qu'elle se manifeste serait donc dans notre être intérieur, une influence ou un ordre nous incitant à adopter une certaine conduite. Or, c'est précisément ce que nous ressentons en nous. Sans aucun doute, cette constatation devrait susciter notre attention. Au seul endroit où l'on peut espérer une réponse, elle s'affirme positive ; dans les autres cas, où aucune réponse ne nous parvient, nous savons pourquoi. Supposons qu'on me demande pourquoi, en voyant un préposé en tenue déposer de petites enveloppes cachetées dans la boîte de chaque maison, je suppose qu'elles contiennent des lettres ? Je répliquerais : « Parce que, chaque fois qu'il laisse une chose semblable chez moi, elle contient une lettre. » Et si mon interlocuteur objectait : « Mais vous n'avez pourtant jamais vu si ce sont véritablement des lettres que ces personnes reçoivent », je dirais : « Certes non, et je n'y compte pas, parce qu'elles ne me sont pas adressées. L'explication m'est fournie par les enveloppes, car elles sont identiques à celles que j'ai le droit d'ouvrir. » Il en va de même à l'égard de la question qui nous intéresse. Le seul pli dont il me soit permis de prendre connaissance, c'est *l'homme*. Quand je le fais, surtout quand je scrute cet homme particulier appelé *moi*, je découvre que, n'existant pas de mon propre chef, je suis soumis à une loi ; quelqu'un ou quelque chose veut que je me conduise d'une certaine manière. Naturellement, je ne pense pas que si je pouvais pénétrer dans une pierre ou un arbre, j'y trouverais exactement la même chose qu'en moi, tout comme il ne me vient pas à l'esprit que les autres habitants de la rue reçoivent les mêmes lettres que moi. Par exemple, je m'attendrais à trouver que la pierre doit obéir à la loi de la gravité. Tandis que l'expéditeur des lettres me dit simplement d'obéir à la loi de ma nature humaine, il pousse la pierre à obéir aux lois de sa propre nature rocailleuse. Mais je devrais m'attendre à trouver qu'il y a, pour ainsi dire, un même expéditeur dans chacun des deux cas, une Puissance derrière les faits, un Directeur, un Guide.

Ne pensez pas que j'aille trop vite. Je suis encore à des centaines de lieues du Dieu de la théologie chrétienne. Tout ce à quoi j'ai abouti pour l'instant c'est à *Quelque Chose* qui gouverne l'univers et qui se manifeste en moi ; une loi particulière me presse de faire le bien et me donne un sentiment de culpabilité quand je fais le mal. Je crois que nous devons présumer qu'il s'agit plus d'une intelligence que de tout autre élément connu – parce que, après tout, la seule autre chose que nous connaissions est la matière et on imagine difficilement un fragment de matière dispensant des directives. Bien entendu, il ne s'agit pas d'une intelligence et encore moins d'une personne telles que nous les connaissons. Dans le chapitre suivant, nous verrons si nous pouvons en découvrir davantage. Un mot d'avertissement toutefois : au cours de ces dernières années, de nombreuses mièvreries ont été dites au sujet de Dieu. Ce n'est pas ce que je vous offre ; vous n'en trouverez point sous ma plume[2].

[2] Cette partie devant être courte en vue de sa diffususion à la radio, j'ai seulement mentionné les conceptions matérialiste et religieuse. Mais je me dois aussi de mentionner le point de vue intermédiaire appelé en philosophie : Élan vital, Force vitale, Évolution créatrice ou Transformisme. Si la présentation la plus subtile se trouve dans les œuvres de Bernard Shaw, la plus approfondie est chez Bergson. Les adeptes de ce concept disent que les petites variations par lesquelles la vie sur cette planète « évolua » depuis les formes les plus rudimentaires jusqu'à l'Homme furent dues « non au harsard mais aux efforts » ou

à la « recherche d'un objectif » de l'Élan vital. Quand les gens lancent cette hypothèse, nous devons leur demander si, par Force vitale, ils pensent à une intelligence ou non. Si oui, alors « une intellignce donnant la vie et la menant à la perfection » est vraiment un Dieu, et leur point de vue se confond avec celui des gens religieux. Si non, pourquoi disent-ils alors que quelque chose dépourvu d'intelligence fait des « efforts » ou poursuit des « objectifs » ? Ils se contredisent. Une des raisons pour laquelle les gens sont attirés par la théorie de l'Évolution créatrice est qu'elle donne la consolation de croire en Dieu sans en assumer les conséquences moins plaisantes. Quand on est en pleine forme, que le soleil brille, et qu'on ne veut pas croire que tout l'univers n'est qu'une sarabande mécanique d'atomes, il est réconfortant de penser à cette grande Force mystérieuse, roulant à travers les siècles et nous portant sur la crête de ses flots. Si, d'autre part, nous avons dans la tête quelque idée mesquine, l'Élan vital – n'étant qu'une force aveugle, sans morale ni intelligence – ne s'interposera pas comme le ferait ce Dieu pointilleux dont on nous a parlé quand nous étions gosses. L'Élan vital est une sorte de Dieu apprivoisé. On peut recourir à lui à notre convenance, mais il ne nous tracassera pas. Sans assumer le prix de notre foi, nous aurons cependant toute la spiritualité vibrante d'une personne religieuse. L'Élan vital ne serait-ce pas prendre ses désirs pour la réalité, comme jamais on ne l'a fait ici-bas ?

5

NOUS AVONS DES MOTIFS DE NOUS SENTIR MAL À L'AISE

Le chapitre précédant s'est achevé sur l'idée que, dans la Loi Morale, quelqu'un ou quelque chose, par-delà l'univers matériel, s'intéresse réellement à nous. Je ne doute pas que plusieurs d'entre vous aient été quelque peu contrariés. Peut-être même avez-vous pensé que je vous ai joué un tour et que mes propos, soigneusement enveloppés dans un emballage philosophique, se révèlent n'être finalement qu'un nouveau discours religieux. Peut-être étiez-vous prêts à me lire dans la mesure où j'avais quelque chose de nouveau à dire. Mais si finalement mes affirmations ne sont que d'ordre religieux, eh bien elles sont dépassées et on ne peut pas revenir en arrière. Si quelqu'un a cette impression, j'aimerais bien préciser trois points.

Tout d'abord, à propos de « revenir en arrière », penseriez-vous que je plaisante si j'affirmais qu'on peut retarder une horloge, et qu'il vaut mieux le faire si l'horloge avance ? Mais j'écarte volontiers toute idée d'horloge. Ne souhaitons-nous pas tous le progrès ? Seulement, progresser implique qu'on se rapproche de l'endroit où l'on désire se trouver. Et si on s'est trompé de route, aller de l'avant ne nous amènera pas plus près du but. Si on est sur la mauvaise voie, il nous faut faire demi-tour pour regagner la bonne route. Dans ce cas, l'homme qui fait volte-face est celui qui progresse le plus vite. Nous avons tous fait cette constatation en arithmétique. Si j'ai mal commencé mon addition, plus vite je l'admettrai pour recommencer mon opération, plus vite je progresserai dans mon calcul. Aucun progrès n'est possible si, par un stupide entêtement, on refuse d'admettre son erreur. Je pense, compte tenu de l'état actuel du monde, qu'il est assez évident que l'humanité a commis quelque erreur monumentale. Nous sommes sur la mauvaise voie. Il faut donc rebrousser chemin. Car faire marche arrière est alors la méthode la plus rapide pour progresser.

En second lieu, il ne s'agit pas encore à ce stade d'un « discours religieux ». Il n'est pas encore question du Dieu d'une quelconque religion, et encore moins du Dieu de cette religion spécifique appelée *christianisme*. Nous en sommes arrivés à *Quelqu'un* ou *Quelque chose* qui se cacherait derrière la Loi Morale. Sans rien emprunter à la Bible ou aux églises, essayons de voir ce que nous pouvons découvrir de ce *Quelqu'un* par nos propres investigations. Mais je tiens cependant à souligner que ce que nous découvrons par nos propres facultés nous ébranle. Deux signes de l'existence de ce *Quelqu'un* s'offrent à nous.

L'un est l'univers qu'il a créé. Si c'était notre seul signe, il nous faudrait conclure qu'il est un grand artiste (car l'univers est un lieu splendide), mais qu'il est aussi un impitoyable ennemi de l'homme (car l'univers est un lieu très dangereux et terrifiant). L'autre signe est cette perception de ce qui est juste, qu'il a mise en notre esprit. C'est un bien meilleur élément de preuve que l'autre, car il s'agit d'une information interne. Cette perception du « juste », cette Loi Morale, nous en apprend plus sur Dieu que l'univers tout entier, tout comme on découvre davantage un homme en l'écoutant qu'en regardant la maison qu'il a bâtie.

De ce second argument rationnel nous concluons que l'Être qui se cache derrière l'univers s'intéresse intensément à la bonne conduite – à la justice, à l'altruisme, à la bonne foi, à l'honnêteté, à la véracité et au courage. En ce sens, nous serions d'accord avec l'affirmation du christianisme et de quelques autres religions que Dieu est « bon », voulant dire par là qu'il est indulgent, tendre ou sympathique. Mais n'allons pas trop vite. La Loi Morale ne nous donne aucun motif de penser que Dieu est bon dans le sens de sympathique, tendre ou indulgent. Il n'y a rien d'indulgent dans la

Loi Morale. Elle est aussi dure qu'une pierre. Elle nous enjoint d'accomplir l'acte juste et ne semble pas se soucier que celui-ci soit douloureux, dangereux ou difficile pour nous. Si Dieu est comme la Loi Morale, alors il n'est pas tendre. Il est inutile, à ce stade, de dire que ce qu'on entend par un Dieu « bon », c'est un Dieu capable de pardonner. On irait trop vite, car seule une Personne peut pardonner. Nous n'en sommes pas encore à l'idée d'un Dieu personnel – nous constatons seulement une force derrière la Loi Morale, plus semblable à une intelligence qu'à tout autre chose. Mais peut-être cette intelligence diffère-t-elle encore largement d'une Personne. Si c'est purement une intelligence impersonnelle, lui demander d'être tolérant envers nous n'a aucun sens, comme implorer l'indulgence de la table de multiplication si nos opérations sont fausses n'a aucun sens. On ne peut obtenir qu'un mauvais résultat. Il est tout aussi inutile de dire que si un tel Dieu existe – une bonté absolue et impersonnelle – nous ne l'aimons pas et nous n'allons pas nous en soucier. Car une part de nous-même se range de son côté, tout à fait d'accord avec le fait qu'il désapprouve l'avidité, la fourberie et l'exploitation humaine. Peut-être souhaiterions-nous qu'il fasse alors une exception en notre faveur et qu'il soit indulgent. Mais au fond nous savons que, si la puissance transcendante extérieure au monde ne détestait pas inexorablement cette sorte de conduite, cette puissance ne pourrait être bonne. D'autre part nous savons que, s'il existe vraiment une bonté absolue, celle-ci doit haïr la plupart de nos actes.

Telle est la terrifiante impasse où nous nous trouvons prisonniers. Si l'univers n'est pas gouverné par une bonté absolue, alors tous nos efforts seront tôt ou tard voués à l'échec. Mais s'il l'est, nous nous posons chaque jour en adversaires de cette bonté, et il est peu probable que nous fassions mieux demain. Notre cas reste donc sans espoir. Nous ne pouvons nous passer de ce Dieu, pas plus que nous ne pouvons nous en accommoder. Dieu reste le seul réconfort mais aussi la terreur suprême. Ce dont nous avons le plus besoin est précisément ce dont nous voulons nous cacher. C'est donc notre seul allié possible, quoique nous soyons devenus ses ennemis. Quelques personnes discourent comme si, rencontrer le regard inquisiteur de la bonté absolue était amusant. Ils doivent repenser le sujet. Ils en sont encore à jouer avec la religion. En fonction de la façon dont l'homme réagit à la bonté, celle-ci est soit la grande sécurité, soit le grand danger. Et nous avons mal réagi !

Maintenant mon troisième point. Lorsque j'ai choisi de passer par tout ce dédale avant d'arriver au sujet qui nous intéresse, il ne s'agissait pas de vous jouer un mauvais tour. En voici la raison : le christianisme n'a pas de sens pour nous jusqu'à ce que nous ayons affronté le type de faits que je viens de décrire. Le christianisme demande aux gens de se repentir et leur promet le pardon. Il n'a donc (pour autant que je le sache) rien à apporter à ceux qui n'ont pas conscience d'avoir à se repentir et n'éprouvent pas le besoin d'un pardon. Le christianisme ne peut opérer en vous que si vous comprenez qu'il existe une Loi Morale que vous avez violée et une Puissance derrière la loi, et que vous avez enfreint la loi et vous trouvez en porte à faux face à cette Puissance. Quand on se sait malade, on écoute le médecin. De même, c'est uniquement quand la situation d'une personne est désespérée qu'elle commence à comprendre ce dont parlent les chrétiens. Ils offrent une explication de votre état de contradiction actuel qui consiste tout à la fois à haïr et à aimer la bonté. Ils expliquent comment Dieu peut être cette intelligence impersonnelle derrière la Loi morale mais aussi une Personne. Ils vous disent comment les exigences de cette loi, que vous et moi ne pouvons satisfaire, ont été remplies à notre place ; comment Dieu lui-même est devenu homme pour sauver l'humanité de la réprobation divine. C'est une vieille histoire et, si vous voulez en savoir plus, il serait préférable de vous adresser à des autorités plus compétentes que moi. Je me contente de demander aux gens d'affronter les faits, de comprendre les questions auxquelles le christianisme affirme pouvoir répondre. Or, ce sont des faits vraiment terrifiants.

Je voudrais pouvoir tenir des propos plus agréables mais j'ai le devoir d'annoncer ce que je crois vrai. Naturellement, je reconnais que la religion chrétienne est, finalement, un réconfort ineffable, mais elle ne commence pas dans la quiétude. Elle débute dans l'effroi que j'ai décrit et il ne sert à rien d'essayer d'atteindre cette consolation sans préalablement subir cette épouvante. En religion, comme dans la guerre ou tout autre domaine, la quiétude est la seule chose que vous ne pouvez trouver en la cherchant. Si vous recherchez la vérité, il se peut que pour finir vous trouviez la sérénité ; si vous recherchez la quiétude, vous ne trouverez ni la sérénité ni la vérité – seulement des mièvreries et une réflexion très optimiste, pour sombrer finalement dans le désespoir. Pour la plupart, nous ne prenons plus nos désirs pour la réalité en matière de politique internationale, comme nous le faisions dans la période d'avant-guerre. Il est temps que nous fassions de même en matière de religion.

Deuxième partie

CE QUE LES CHRÉTIENS CROIENT

1

CONCEPTIONS RIVALES AU SUJET DE DIEU

On m'a demandé d'exposer ce que croient les chrétiens. J'aimerais d'abord signaler une chose qu'ils n'ont pas besoin de croire. Si vous êtes chrétien, il n'est pas nécessaire que vous croyiez que toutes les autres religions sont entièrement fausses. Si vous êtes athée, votre opinion inéluctable est que toutes les religions du monde ne sont qu'erreur monumentale. Mais en tant que chrétien, vous êtes libre de penser que toutes ces religions, même les plus bizarres, renferment au moins une amorce de vérité. Tant que j'étais athée, j'essayais de me persuader que la majorité de la race humaine s'était toujours fourvoyée quant à la question qui lui importait le plus. Il me fut possible d'adopter un point de vue plus libéral en devenant chrétien. Bien entendu, être chrétien signifie que, sur les points où le christianisme se différencie des autres religions, lui seul a raison et toutes les autres sont dans l'erreur. C'est comme pour l'addition : il y a une seule réponse exacte, et toutes les autres sont fausses. Mais certaines fausses réponses sont plus proches de la bonne réponse que d'autres.

Le premier grand désaccord qui existe au sein de l'humanité concerne la foi : la majorité des individus croit en Dieu ou en une sorte de dieu, et la minorité n'y croit pas. Sur ce point, le christianisme s'aligne sur la majorité. Il se range au côté des anciens Grecs et Romains, des animistes contemporains, des stoïciens, platoniciens, hindous, mahométans, etc., et prend fait et cause contre le matérialisme moderne du monde occidental.

J'aborde maintenant le deuxième grand désaccord qui existe entre les hommes. Parmi ceux qui croient en Dieu, on trouve deux catégories de personnes en fonction du Dieu dans lequel elles croient. Il y a deux conceptions très différentes à ce sujet. Selon la première, Dieu est au-delà du Bien et du Mal. L'homme qualifie telle chose de bonne et telle autre de mauvaise. Mais pour certains, c'est un point de vue purement humain. Ils diraient que plus l'on devient sage, moins on a envie de qualifier quoi que ce soit de bon ou de mauvais, et plus on voit que toute chose est bonne par certains côtés et mauvaise par d'autres côtés, et qu'il n'aurait pu en être autrement. Par conséquent, ces gens pensent que, bien avant d'avoir pu au moins nous approcher du point de vue divin, la distinction entre le bien et le mal aura disparu. Nous qualifions de mauvais un cancer, diraient-ils, parce qu'il tue un homme ; mais nous pourrions aussi bien appliquer ce qualificatif à un chirurgien couronné de succès pour avoir tué ce cancer. Ceci dépend simplement du point de vue duquel on se place. La conception opposée affirme que Dieu est indubitablement « bon » ou « juste ». Il prend parti, aime l'amour et hait la haine. De plus, il veut que nous nous conduisions d'une certaine façon et non d'une autre.

La première de ces conceptions – celle qui situe Dieu au-delà du Bien et du Mal – est appelée le panthéisme. Elle a été défendue par le grand philosophe prussien Hegel et par les hindous eux-mêmes. L'autre conception tient des juifs, des mahométans et des chrétiens.

Cette grande différence entre le panthéisme et l'idée chrétienne de Dieu s'accompagne souvent d'une autre. Les panthéistes croient que Dieu, pour ainsi dire, anime l'univers comme vous animez votre corps. Tout ce qui est, *est* Dieu, de sorte que si l'univers n'existait pas, Dieu non plus n'existerait pas, et tout ce qu'on trouve dans l'univers, selon eux, est une partie de Dieu. L'idée chrétienne est complètement différente. Selon elle, Dieu a inventé et créé l'univers – comme un homme qui peint un tableau ou compose une musique. Un peintre n'est pas un tableau et il ne meurt pas si son tableau est détruit. Dire qu'il « a mis beaucoup de lui-même dans son œuvre » signifie simplement que toute la beauté et l'intérêt du tableau sont sortis de lui. Son talent s'exprime dans son œuvre autrement qu'il ne s'exprime dans son esprit ou même dans ses mains.

Vous voyez sans doute comment cette différence entre panthéistes et chrétiens concorde avec la précédente. Si une personne ne prend pas au sérieux la distinction entre le Bien et le Mal, il est alors facile pour elle de prétendre que tout ce qu'on découvre dans ce monde est une partie de Dieu. Mais, naturellement, si une autre personne estime que certaines choses sont vraiment mauvaises et que Dieu est réellement bon, elle ne peut plus prétendre que le monde est une partie de Dieu. Il lui faut croire que Dieu est distinct du monde et que certaines choses que nous y voyons sont contraires à sa volonté. Face à un cancer ou à un taudis, le panthéiste peut s'écrier : « Si seulement vous pouviez considérer ces faits du point de vue divin, vous vous rendriez compte que c'est encore Dieu. » Le chrétien rétorque : « Ne racontez pas ces damnées sottises[1]. » En effet, selon lui le christianisme est une religion de combat qui affirme que Dieu a créé le monde. L'espace et le temps, la chaleur et le froid, toutes les couleurs et les saveurs, les animaux et les végétaux ont été conçus par son intelligence aussi facilement que s'invente une histoire. Mais cette religion professe aussi qu'un grand nombre de choses, dans le monde créé par Dieu, ont mal tourné et que Dieu lui-même insiste fortement pour que nous y remettions de l'ordre.

Naturellement, ceci soulève une très grave question : si un Dieu bon a fait le monde, pourquoi celui-ci est-il devenu mauvais ? Pendant des années, j'ai tout simplement refusé de prêter l'oreille aux réponses chrétiennes à cette question parce que je m'obstinais à penser : « Quoi que vous disiez, et aussi

[1] Un auditeur s'est plaint du mot *damné* comme étant un juron mal placé. Mais c'est bien ce que je veux dire : une sottise qui est *damnée* est maudite par Dieu et (sauf si la grâce de Dieu opère) conduira ceux qui y croient à la perdition éternelle.

habile que soit votre argumentation, n'est-il pas plus simple et facile d'affirmer que le monde n'est pas l'œuvre d'un pouvoir intelligent ? Tous vos arguments ne sont-ils pas simplement une tentative compliquée pour éluder l'évidence ? » Mais pareille affirmation me plaçait alors dans une autre difficulté.

L'argument que je retenais contre Dieu était que l'univers paraissait si cruel et si injuste ! Mais d'où pouvait bien me venir cette idée de *juste* et *d'injuste* ? On ne peut définir une ligne courbe qu'en possédant la notion de ligne droite. À quoi est-ce que je comparais cet univers quand je l'appelais injuste ? Si tout le spectacle était mauvais et insensé de A à Z, pourquoi donc moi, acteur supposé, pourquoi est-ce que je réagissais si violemment contre ce spectacle ? Un homme se sent tout trempé quand il tombe à l'eau car, contrairement au poisson qui n'a jamais pareille sensation, il n'est pas un animal aquatique. Naturellement, j'aurais pu abandonner mon idée de justice en disant que ce n'était qu'une idée personnelle. Mais me résoudre à cela annulait du coup mon argument contre Dieu, car cet argument s'appuyait précisément sur l'affirmation que le monde est réellement injuste, et pas seulement qu'il ne me plaît pas.

Ainsi, en essayant de prouver l'inexistence de Dieu – ou, en d'autres termes, que la réalité dans son ensemble est insensée – je me suis trouvé contraint d'accepter qu'une partie de la réalité (mon idée de justice) est tout à fait sensée. L'athéisme s'est alors révélé trop simple. Si tout l'univers n'avait aucun sens, jamais nous ne pourrions découvrir qu'il n'en a aucun, de même que si la lumière n'existait pas dans l'univers et s'il n'y existait aucune créature pourvue d'yeux, jamais nous ne pourrions remarquer qu'il fait nuit. Le mot *nuit* n'aurait aucun sens.

2

L'INVASION

Donc, c'est entendu, l'athéisme est trop simple et je vais vous parler d'un autre concept qui l'est également. C'est celui que j'appelle le christianisme à l'eau de rose. Il affirme simplement qu'il y a au ciel un Dieu bon et que tout est parfait. Il écarte ainsi toutes les doctrines terribles et difficiles concernant le péché, l'enfer, le diable et la rédemption. Ces deux concepts ne sont que philosophie pour enfants.

Rien ne sert de réclamer une religion simple. Après tout, les choses réelles ne le sont pas. Elles paraissent simples, mais c'est du trompe-l'œil. La table devant laquelle je suis assis paraît « simple », mais demandez à un scientifique de vous expliquer en quoi elle est vraiment faite – toute la question des atomes et comment les ondes lumineuses rebondissent sur eux, frappent mes yeux et agissent sur le nerf optique et sur le cerveau. Vous découvrirez alors que « voir une table » vous plonge dans un mystère et des complications sans fin. Un enfant disant sa prière, ça a l'air très simple. Et si cela vous suffit, fort bien. Mais si cela ne vous suffit pas – et le monde moderne est dans ce cas – si vous désirez en savoir plus et poser les vraies questions, alors vous devez vous attendre à la difficulté. Si nous désirons en savoir plus, ne nous plaignons pas lorsque les choses se compliquent.

Très souvent, cependant, cette attitude stupide est adoptée par des gens intelligents mais qui, consciemment ou non, veulent détruire le christianisme. Ils élaborent de celui-ci une version convenant à un enfant de six ans et en font alors l'objet de leur attaque. Quand vous essayez d'expliquer la doctrine chrétienne telle qu'un adulte la conçoit, ils se plaignent alors d'avoir la tête qui tourne, et affirment que tout cela est trop compliqué ! Ils sont sûrs que si Dieu existait réellement, il aurait fait une « religion » qui soit simple. La simplicité est si belle, etc. ! Tenez-vous sur vos gardes à l'égard de ces gens qui changent d'idée à chaque instant et vous font perdre votre temps. Remarquez aussi leur notion de Dieu « faisant une religion simple ». C'est comme si la religion était une invention de Dieu et non la formulation de certains faits immuables concernant sa propre nature, formulation par lui à notre intention.

Outre sa complexité, la réalité – d'après mon expérience – est en général curieuse. Elle n'est ni claire, ni évidente, ni ce à quoi vous vous attendez. Par exemple, quand vous avez compris que la terre et les autres planètes gravitent toutes autour du soleil, vous vous attendez naturellement à ce que toutes les planètes soient bien assorties – à égale distance les unes des autres ou à des distances qui augmentent de façon régulière, ou qu'elles aient toutes la même dimension, ou alors grossissent selon l'éloignement du soleil. En fait, il n'y a apparemment aucune logique dans les dimensions ou les distances.

En fait, la réalité est habituellement ce que justement vous n'auriez pas deviné. C'est une des raisons pour laquelle je crois au christianisme. C'est une religion qu'on n'aurait pas pu deviner. Si elle nous offrait le type d'univers auquel nous nous attendons, j'aurais l'impression que nous l'avons inventée. Mais en fait, elle ne ressemble à rien de ce que les hommes pourraient inventer. On y trouve justement cette curieuse tournure que possèdent les choses réelles. Laissons donc de côté toutes ces philosophies enfantines, ces réponses on ne peut plus simplistes. Le problème n'est pas simple, la réponse non plus.

Quel est le problème ? Un univers contenant beaucoup de choses manifestement mauvaises et apparemment dépourvues de sens, mais aussi des créatures, nous, qui savons que cet univers est mauvais et insensé. Seuls deux concepts sont capables d'appréhender l'ensemble de ces faits. L'un est la conception chrétienne d'un monde bon mais qui s'est égaré, gardant encore en mémoire ce qu'il aurait dû être. L'autre concept, le *dualisme,* prétend qu'il existe deux puissances égales et autonomes derrière toute chose, l'une bonne et l'autre mauvaise, et que l'univers est le champ de bataille d'une lutte sans fin. Je pense personnellement qu'après le christianisme, le dualisme est la croyance la plus mature et la plus sensée proposée aujourd'hui. Mais elle recèle un vice caché.

On suppose que ces deux pouvoirs, ces esprits ou ces dieux sont autonomes : le bon et le mauvais. Tous deux existent de toute éternité. Aucun d'eux n'a créé l'autre et n'a davantage le droit que l'autre de s'appeler Dieu. Chacun, vraisemblablement, estime qu'il est bon et pense que l'autre est mauvais. L'un aime la haine et la cruauté, l'autre l'amour et la miséricorde et chacun défend son point de vue. Or, que voulons-nous dire quand nous appelons l'un la Puissance Bonne et l'autre la Puissance Mauvaise ? Affirmons-nous notre préférence pour l'une d'elles – comme certains apprécient plus la bière que le cidre – ou suggérons-nous que l'une a tort quand elle se considère bonne, indépendamment de ce que les deux peuvent penser et de celle que nous, humains, apprécions à un moment donné ? Si nous voulons dire simplement que nous préférons la première, inutile alors de discourir sur le Bien et le Mal. Car le Bien c'est ce qu'on doit choisir, sans égard pour ce qu'on aimerait à un moment donné. Si « être Bien » signifiait simplement rejoindre sans vraie raison le parti qu'on aime bien, alors le Bien ne mériterait plus qu'on l'appelle Bien. Ainsi donc, en qualifiant ces Puissances de bonne et mauvaise, nous voulons dire que l'une a vraiment raison et l'autre a vraiment tort.

Dès l'instant où vous dites cela, vous introduisez dans l'univers un troisième élément en plus des deux Puissances : quelque Loi, Critère ou Règle du Bien à laquelle se conforme l'une des deux Puissances alors que l'autre ne s'y soumet pas. Or, puisqu'on évalue ces deux Puissances selon ce Critère, alors ce Critère ou l'Être qui l'élabora est antérieur et supérieur à l'une et à l'autre Puissance, et Lui sera le Dieu véritable. En fait, notre conviction en les dénommant bonne ou mauvaise, c'est que l'une des deux est dans une relation juste avec le vrai Dieu absolu, alors que l'autre ne l'est pas.

Exprimons les choses autrement. Si le dualisme est vrai, cette Puissance Mauvaise doit aimer le mal en soi. En réalité, nous n'avons jamais vu quelqu'un se complaire dans le mal simplement parce que c'est mal. Ce qui s'en rapproche le plus, c'est la cruauté. Mais dans la vie, les gens sont cruels soit parce qu'ils sont sadiques – une perversion sexuelle leur procure, par le truchement de la cruauté, un plaisir sensuel – soit parce qu'ils veulent en retirer un profit personnel : argent, puissance ou sécurité. Or le plaisir, l'argent, la puissance et la sécurité sont de bonnes choses en soi. Le Mal consiste à les poursuivre par la mauvaise méthode, ou dans un mauvais sens, ou encore de manière excessive. Je ne veux pas dire, bien entendu, que ceux qui agissent ainsi ne sont pas désespérément mauvais. Je veux dire que le Mal se révèle être, à l'examen, la quête de quelque bien mais de la mauvaise manière. On peut être bon pour la bonté en soi ; on ne peut pas être mauvais pour le mal en soi. Quoique vous n'éprouviez pas toujours un sentiment de bonté ou quelque plaisir à rendre service, vous pouvez faire le bien parce que c'est juste ; mais personne n'a jamais commis une action cruelle simplement parce que la cruauté n'est pas juste, mais parce que la cruauté lui procurait un certain plaisir ou une quelque utilité. En d'autres mots, la méchanceté ne réussit pas à être mauvaise autant que la bonté réussit à être bonne. Si la bonté est, pour ainsi dire, bonne par essence, la perversité est seulement une bonté dévoyée. Il doit y avoir quelque chose de bien, avant que cela puisse se corrompre. Nous avons appelé sadisme une perversion sexuelle ; mais il faut préalablement avoir la notion d'une sexualité normale pour pouvoir parler de sa perversion. On peut distinguer entre une attitude perverse et une attitude saine parce qu'on peut expliquer une attitude perverse en fonction d'une attitude saine, et non l'inverse. Il s'ensuit que cette Puissance du Mal, supposée sur un pied d'égalité avec la Puissance du

Bien, aimant le mal comme la Puissance du Bien aime le bien, est un simple épouvantail. Pour être mauvaise, il faut que cette Puissance convoite des choses bonnes et s'efforce de se les procurer de façon pernicieuse. Elle doit éprouver des pulsions originellement bonnes afin de pouvoir les pervertir. Mais si elle est mauvaise, elle ne peut fournir elle-même ni les choses bonnes qu'elle convoite ni les bonnes pulsions à pervertir. Elle ne peut les obtenir que de la Puissance du Bien. S'il en est ainsi, elle n'est donc pas autonome. Elle appartient au monde de la Puissance du Bien ; elle fut créée soit par la Puissance du Bien, soit par quelque autorité qui les surclasse l'une et l'autre.

Soyons encore plus simple. Pour être mauvaise, il faut que cette Puissance existe et possède l'intelligence et la volonté. Or l'existence, l'intelligence et la volonté sont bonnes en soi. Par conséquent, elle doit les recevoir de la Puissance du Bien. Pour accomplir sa vocation déplorable, elle doit emprunter ou voler ces qualités à son adversaire. Voyez-vous maintenant pourquoi le christianisme a toujours dit que le diable est un ange déchu ? Ce n'est pas un conte pour enfants. C'est reconnaître le fait que le diable est un parasite, non un être originel. Les pouvoirs qui permettent au Mal de poursuivre son action lui ont été donnés par le Bien. Tout ce qui permet à un homme mauvais d'être efficacement mauvais est en soi une chose bonne : résolution, habileté, apparence plaisante et existence même. C'est pourquoi le dualisme au sens strict n'aboutit à rien.

Mais j'admets volontiers que le vrai christianisme (distinct du christianisme à l'eau de rose) se rapproche du dualisme plus qu'on ne le pense généralement. Un des traits qui m'a surpris quand pour la première fois j'ai lu sérieusement le Nouveau Testament, fut qu'à maintes reprises, il parlait d'une Puissance des Ténèbres agissant dans l'univers, d'un esprit mauvais d'où émanaient la mort, la maladie et le péché. Le christianisme affirme, et c'est là son originalité, que cette Puissance des Ténèbres fut créée par Dieu, qu'elle était bonne lors de sa création mais qu'elle s'est pervertie. Le christianisme est d'accord avec le dualisme sur le fait que la lutte sévit dans l'univers. Mais il ne croit pas que ce soit une guerre entre puissances autonomes. Il estime que c'est une guerre civile, une rébellion, et que nous vivons dans une partie de l'univers occupée par l'adversaire.

Un territoire sous l'emprise de l'ennemi, tel est donc notre monde. Le christianisme relate la venue ici-bas du roi légitime et qui, sans éveiller les soupçons – déguisé, pourrait-on dire – nous appelle tous à participer à une grande campagne de sabotage. Quand vous allez à l'église, vous êtes en fait à l'écoute du message secret qui vous parvient par « la radio » de nos alliés. C'est pourquoi l'ennemi désire tellement nous empêcher d'aller à l'église. C'est en agissant sur notre vanité, notre paresse et notre snobisme intellectuel qu'il compte nous en dissuader. Je sais qu'on va me demander : « Voulez-vous dire qu'à notre époque on puisse réintroduire dans nos conceptions notre vieil ami le diable, avec ses sabots, ses cornes et toute l'imagerie de Saint-Sulpice ? » Mais je ne vois pas en quoi l'époque intervient dans cette notion. Je ne suis pas particulièrement attaché aux sabots et aux cornes, mais ceci mis à part, ma réponse est formelle : « Oui, c'est bien mon intention. » Je n'ai pas la prétention de connaître quoi que ce soit de l'apparence physique du diable. Si quiconque désire vraiment le connaître, je lui répondrai : « Ne vous en faites pas, si réellement vous le voulez, vous ne serez pas déçu. Quant à savoir si alors vous l'apprécierez, c'est une autre affaire ! »

3

L'ALTERNATIVE CHOQUANTE

Les chrétiens pensent qu'une puissance mauvaise s'est instituée comme Prince de ce monde dans le temps présent. Évidemment, ceci pose question. Cet état de choses serait-il en accord avec la volonté de Dieu ? Si oui, ce Dieu est un Dieu étrange, direz-vous. Si non, comment peut-il se produire quoi que ce soit de contraire à la volonté d'un être doté d'un pouvoir absolu ?

Quiconque ayant exercé l'autorité sait qu'une chose peut être en accord avec sa volonté dans un certain sens mais pas dans l'autre. On peut comprendre qu'une mère dise à ses enfants : « Je ne vais pas venir chaque soir vous faire ranger votre chambre. Il vous faut apprendre à la tenir en ordre tout seuls. » Un soir, elle monte à l'improviste et trouve l'ours en peluche, l'encrier et le livre de grammaire traînant dans un coin. Ce désordre n'est pas l'expression de sa volonté. Elle préférerait que les enfants aient tout bien rangé. Cependant, c'est par sa volonté que les enfants ont été libres de mettre le désordre. Ce principe se vérifie dans tout régiment, syndicat ou établissement scolaire. Lorsque vous laissez le choix aux gens de faire quelque chose, plus de la moitié des intéressés ne vont pas la faire. Ce n'est pas ce que vous vouliez au départ, mais votre volonté l'a rendu possible.

Il en va probablement de même dans l'univers. Dieu a créé des êtres pourvus d'un libre arbitre. C'est-à-dire des créatures qui peuvent opter autant pour le bien que pour le mal. Certains pensent qu'on peut concevoir une créature qui, tout en étant libre, n'aurait pas la possibilité de choisir le mal. Pour ma part je ne le puis. Si une chose a le droit d'être bonne, elle a aussi le droit d'être mauvaise. Or c'est notre libre arbitre qui rend le mal possible. Pourquoi Dieu le donna-t-il aux hommes à l'origine ? Parce que ce libre arbritre, bien qu'il laisse au mal le champ libre, est la seule chose qui rend possible l'amour, la bonté ou la joie. Un monde d'automates, de créatures se mouvant comme des machines, ne vaudrait guère la peine d'être créé. Le bonheur conçu par Dieu pour ses créatures les plus évoluées est le bonheur d'être librement et volontairement liées à lui et à tout être humain par un amour si merveilleux, qu'en comparaison, l'amour le plus sublime entre un homme et une femme n'est que de l'eau de rose. Pour en arriver à cette communion entre Dieu et les hommes, il faut que les êtres soient libres.

Évidemment, Dieu savait ce qui arriverait si les hommes usaient à tort de leur liberté, mais il estimait que le risque en valait la peine. Peut-être sommes-nous enclins à ne pas être d'accord avec Dieu. Mais ne pas être d'accord avec lui pose un problème. Il est la source même de tout notre pouvoir de raisonnement. Nous ne pouvons avoir raison et lui tort, pas plus qu'une rivière ne peut remonter plus haut que sa source. Quand nous contestons avec Dieu, nous contestons la puissance même qui nous a donné la faculté de raisonner. En d'autres termes, nous scions la branche sur laquelle nous sommes assis. Si Dieu pense que cet état de lutte dans l'univers est le prix valant la peine d'être payé en échange du libre arbitre, alors croyons-le. Si, plutôt que d'un monde factice, tel un jouet qui s'anime quand on tire les ficelles, Dieu a voulu disposer d'un monde vivant où les habitants peuvent réellement faire le bien ou le mal et où des choses réellement importantes se passent, alors acceptons que cela en vaille la peine.

Quand nous aurons compris cette notion de libre arbitre, nous verrons combien il est idiot de demander comme on me l'a déjà demandé : « Pourquoi Dieu a-t-il fait une créature avec tellement de défauts qu'elle a mal tourné ? » Car nous remarquerons que plus un être est de qualité, plus il est intelligent, fort et libre, meilleur il sera s'il choisit le bien, mais pire il sera s'il choisit le mal. Une vache ne peut être ni très bonne ni très mauvaise ; un chien peut être à la fois meilleur et pire ; un enfant beaucoup plus ; un homme ordinaire encore plus ; un homme de génie, toujours plus ; un être super-doué le meilleur ou le pire de tous.

Comment la Puissance des Ténèbres s'est-elle pervertie ? Voici sans aucun doute une question à laquelle les êtres humains ne peuvent donner une réponse dont ils soient sûrs. On peut toutefois émettre une supposition raisonnable (et traditionnelle) fondée sur notre expérience du mal. Dès l'instant où l'on a la notion du « moi », on risque de se mettre en premier – on veut être au centre de l'attention – on veut être Dieu, en fait. Tel fut le péché de Satan. Et c'est ce péché-là qu'il enseigna à la race humaine. Certains pensent que la chute de l'homme a un rapport avec la sexualité, mais c'est une erreur. (Le récit de la Genèse suggère plutôt qu'une corruption de notre nature sexuelle a suivi la chute et en est devenu le résultat et non la cause.) Satan a mis dans la tête de nos lointains ancêtres l'idée qu'ils pouvaient être « comme des dieux » – capables d'agir à leur guise comme s'ils s'étaient créés eux-mêmes – être les maîtres de leur vie – inventer une sorte de bonheur bien à eux, en dehors et loin de Dieu. De cette tentative vouée à l'échec est née la quasi-totalité de ce que nous appelons l'histoire humaine – argent, misère, ambition, guerre, prostitution, classes sociales, empires, esclavage – la longue et terrible histoire de l'homme essayant de trouver à Dieu un substitut qui le rendrait heureux.

Voyons la raison pour laquelle cette tentative ne peut jamais réussir. Dieu nous a faits, nous a inventés comme un homme invente une machine. Si une automobile est faite pour fonctionner à l'essence, elle ne fonctionnera convenablement avec aucun autre carburant. Dieu a voulu que la machine humaine fonctionne avec lui comme carburant[1]. Il est le combustible que notre esprit doit brûler, ou la nourriture de notre âme. Il

[1] Aristote et Saint-Thomas ont déjà dit que Dieu était « le premier moteur de l'univers ».

n'y en a point d'autre. C'est pourquoi il ne sert à rien de demander à Dieu de nous rendre heureux selon nos propres conceptions sans se soucier de la religion. Dieu ne peut nous donner le bonheur et la paix qu'en lui, parce qu'ils n'existent pas en dehors de lui. Aucune autre solution n'existe.

C'est en ceci que s'explique l'histoire de l'humanité. Une énergie terrifiante est dépensée, des civilisations sont bâties, d'excellentes institutions sont élaborées, mais chaque fois ça tourne mal. Quelque fatalité conduit toujours, à la tête des peuples, des gens égoïstes et cruels qui n'apportent que ruine et misère. Et la machine cale. Elle semble fort bien démarrer, avancer de quelques mètres, mais elle finit par tomber en panne. On veut la faire marcher avec le mauvais carburant. C'est ce que Satan a fait avec nous, les humains.

Et qu'a fait Dieu ? Tout d'abord, il nous a laissé la conscience, le sens du bien et du mal. Tout au long de l'histoire, des gens se sont efforcés (parfois vigoureusement) d'obéir à leur conscience. Aucun d'eux d'ailleurs n'y est jamais parvenu vraiment. Puis Dieu a dispensé à la race humaine ce que j'appelle de bons songes. J'entends par là ces récits curieux, dispersés dans toutes les religions païennes, relatifs à un dieu qui meurt et ressuscite et, par sa mort, donne quelque vie nouvelle aux hommes. Troisièmement, Dieu s'est choisi un peuple spécifique et a passé plusieurs siècles à lui marteler dans la tête qu'Il était l'Unique et qu'Il attachait grande importance à une conduite droite. Ces élus étaient les Juifs. L'Ancien Testament est le compte-rendu de cette éducation que Dieu a essayé de leur donner.

Un véritable choc s'est alors produit. Parmi ces Juifs se révèle soudain un homme qui parle comme s'il était Dieu. Il prétend pardonner les péchés. Il affirme avoir toujours existé. Il dit qu'il reviendra pour juger le monde à la fin des temps. Essayons d'y voir plus clair. Pour les panthéistes, tel l'hindouisme, il n'y aurait rien d'anormal à ce qu'un homme prétende être une partie de Dieu, ou un avec Dieu. Mais le Juif, se sachant membre du peuple élu, ne pouvait rien imaginer de semblable. Dieu, dans le langage des Hébreux, désigne l'Être hors du monde, Créateur de toutes choses, infiniment différent et incomparable. Quand vous aurez saisi cela, vous verrez que les propos de Jésus étaient, purement et simplement, la prétention la plus choquante qu'aient jamais proférées des lèvres humaines.

Pourtant, l'une des prétentions de cet homme risque d'échapper à notre attention car on l'a si souvent entendue qu'on ne réalise pas sa portée. Jésus avait la prétention de pardonner les péchés, n'importe quel péché. Or, à moins qu'il soit Dieu, prétendre une telle chose est tellement déraisonnable que c'en est comique. Nous pouvons tous concevoir qu'un homme pardonne les offenses commises à son égard. Vous marchez sur mes orteils et je vous pardonne ; vous dérobez mon argent et je vous pardonne. Mais où classeriez-vous un homme sur les pieds duquel vous n'avez pas marché ou à qui vous n'avez rien volé, mais qui prétendrait vous pardonner d'avoir marché sur les pieds d'un autre ou volé l'argent d'autrui ? Quel âne ! dirions-nous et encore nous serions gentils. C'est néanmoins ce qu'a fait Jésus. Il a affirmé aux gens que leurs péchés étaient pardonnés, mais sans jamais consulter les personnes lésées. Il se conduisait sans la moindre hésitation comme s'il était concerné au premier chef, la personne visée par toutes les offenses. Cela n'a de sens que s'il était vraiment le Dieu dont on avait violé les lois et dont l'amour était blessé par tout péché commis. Dans la bouche de quiconque, hormis Dieu, ces mots ne seraient pour moi que niaiserie et suffisance, sans équivalent chez aucun autre acteur de l'Histoire.

Cependant (et voilà ce qui est étrange et significatif), même ses détracteurs, quand ils lisent les évangiles, n'ont pas le sentiment que Jésus était idiot ou prétentieux. Encore moins les lecteurs qui n'ont pas de préjugés. Le Christ dit de lui-même qu'il est « doux et humble de cœur » et nous le croyons ; sans remarquer que, s'il n'était qu'un homme, nous ne qualifierions certainement pas certaines de ses paroles de douces et humbles.

Je cherche ici à empêcher quiconque de prononcer cette phrase vraiment insensée qu'on avance souvent au sujet de Jésus : « Je suis prêt à voir en Jésus un éminent maître de morale, mais je récuse sa prétention d'être Dieu. » C'est la chose à ne pas dire. Un homme qui ne serait qu'un homme et qui tiendrait les propos que tenait Jésus ne serait pas un grand professeur de morale. Ce serait soit un fou – comme quelqu'un qui affirmerait être un œuf poché – soit le Démon des enfers. Il nous faut choisir : ou bien cet homme était et reste le Fils de Dieu, ou bien il ne fut rien d'autre qu'un aliéné ou pire encore. Soit vous enfermez ce fou, soit vous crachez au visage de ce démon et vous le tuez ; soit, au contraire, vous vous jetez à ses pieds et vous l'appelez Seigneur et Dieu. Mais n'accordons aucun crédit à cette absurdité condescendante, à savoir qu'il serait un grand maître. Il ne nous a pas laissé cette possibilité. Il n'a pas eu cette intention.

4

LE PÉNITENT PARFAIT

Affrontons alors une alternative effrayante. Soit cet homme dont nous parlons était (et demeure) exactement ce qu'il prétendait être, soit il n'était rien d'autre qu'un aliéné ou pire encore. Or, il me semble évident qu'il n'était ni un fou ni un démon. En conséquence, aussi étrange, terrifiant ou invraisemblable que cela puisse paraître, je dois accepter le point de vue qu'il était et qu'il est Dieu. Dieu est venu sous une forme humaine dans ce monde occupé par l'ennemi.

Mais alors, à quoi ça rime ? Dans quel but Jésus est-il venu ? Eh bien, pour enseigner, ce me semble ! Pourtant, dès qu'on regarde de plus près le Nouveau Testament et les autres écrits chrétiens, on découvre qu'ils parlent constamment de quelque chose de différent. Ils parlent de la mort et de la résurrection de Jésus. Il est clair que pour les chrétiens, c'est là le point essentiel de l'histoire. Ils pensent que la raison principale pour laquelle Jésus est venu sur la terre, c'est pour souffrir et être mis à mort.

Or, avant de devenir chrétien, j'avais l'impression que la première chose que les chrétiens devaient croire, c'était une théorie spécifique de la raison d'être de cette mort. Selon cette théorie, Dieu voulait punir les hommes pour leur désertion et leur ralliement à Satan, le grand rebelle. Mais le Christ s'est porté volontaire pour subir le châtiment à leur place, afin que chacun reçoive l'absolution de Dieu. J'admets maintenant que cette idée ne me paraît pas aussi immorale et stupide qu'autrefois, mais ce n'est pas le point dont je veux débattre. En effet, je me suis rendu compte, plus tard, que cette théorie ni aucune autre n'est le christianisme. Le point central de la foi chrétienne est que la mort du Christ nous a, d'une façon ou d'une autre, replacés dans une situation juste vis-à-vis de Dieu et nous a donné un nouveau départ. Les théories explicatives de ce processus sont une autre affaire. De nombreuses théories tentent d'expliquer comment ça peut marcher, mais les chrétiens sont tous d'accord sur la valeur et les conséquences de cette mort. Voici mon opinion. Les gens intelligents savent que, si on est fatigué et affamé, un repas nous fera grand bien. Mais les théories diététiques modernes – qui font entrer en ligne de compte les vitamines, les protéines, etc. – sont autre chose. On s'est toujours senti mieux après un repas, même avant qu'il soit question des vitamines ; et si un jour cette théorie des vitamines est abandonnée, nous continuerons à prendre nos repas comme avant. Les théories concernant la mort du Christ ne sont pas le christianisme ; elles expliquent comment il fonctionne. Les chrétiens ne sont pas tous d'accord sur l'importance à accorder à ces vues, et ma propre église, l'Église Anglicane, ne soutient pas l'une d'entre elles plus qu'une autre. L'Église Catholique Romaine va plus loin. Je pense néanmoins qu'elles conviennent toutes deux que le fait lui-même est infiniment plus important que toutes les explications des théologiens. Ces églises admettent probablement qu'aucune explication ne sera jamais conforme à la réalité. Mais, comme je l'écris au début de mon livre, je ne suis qu'un laïc, et sur ce point, j'avance en eau profonde. Je puis seulement vous exposer – vaille que vaille ! – comment personnellement je conçois cette question.

À mon avis, on ne nous demande pas vraiment d'accepter les théories. Sans doute certains d'entre vous ont-ils lu des ouvrages scientifiques. Quand les savants veulent expliquer l'atome par exemple, ils vous donnent une description vous permettant de vous le représenter. Ils vous préviennent cependant que cette image n'est pas ce qu'ils admettent. Ils croient plutôt en une formule mathématique. Les images sont seulement là pour nous aider à comprendre la formule. Elles ne sont pas vraies au même titre que la formule, et elles vous donnent seulement une idée de la réalité. Si elles ne vous sont d'aucun secours, laissez-les tomber. La chose elle-même ne saurait être représentée ; on ne peut l'exprimer que mathématiquement. Nous sommes tous logés à la même enseigne. Nous croyons que la mort du Christ est exactement cet instant dans l'Histoire où quelque chose d'absolument inconcevable, extérieur à nous, s'est révélé dans notre monde. Si nous ne pouvons nous représenter les atomes composant notre propre monde, à combien plus forte raison sommes-nous incapables d'imaginer ce mystère. En vérité, si nous étions aptes à l'appréhender complètement, ce serait justement la preuve que l'action du Christ n'est pas ce qu'elle professe être : l'inconcevable, l'incréé, une manifestation de l'au-delà se précipitant, aussi rapide qu'un éclair, dans notre monde. Peut-être vous demandez-vous à quoi sert la mort du Christ si on ne la comprend pas. La réponse est aisée : comme un homme peut prendre un repas sans savoir exactement comment les aliments le nourrissent, il peut accepter l'œuvre du Christ à la croix sans savoir comment elle fonctionne. En fait, il ne pourra jamais savoir comment elle fonctionne à moins de l'accepter.

On nous dit que le Christ a été immolé pour nous, que son sacrifice a ôté nos péchés et qu'en mourant, il a mis hors de combat la mort elle-même. Voilà la formule. Voilà le christianisme. Voilà ce qu'il faut croire. Toutes les théories expliquant comment la mort du Christ a fait tout ceci sont, à mes yeux, tout à fait secondaires, de simples schémas à délaisser s'ils ne nous aident pas. Même s'ils nous aident, il ne faut pas les confondre avec la chose elle-même. Cependant, il vaut la peine de considérer quelques-unes de ces théories.

La théorie mentionnée précédemment – selon laquelle nous sommes mis hors de cause parce que le Christ s'est porté volontaire pour subir le châtiment à notre place – semble à première vue une théorie très sotte. Si Dieu était prêt à nous absoudre, pourquoi donc ne l'a-t-il pas fait ? À quoi rimait le fait de punir un suppléant innocent ? À rien, autant que je sache, si l'on considère la punition d'un point de vue juridique.

Cependant, si l'on prend l'idée de dette, on conçoit tout à fait qu'une personne, disposant de liquidités, règle la dette à la place d'un débiteur insolvable. Enfin, le fait de « payer la rançon », non dans le sens de subir une punition mais au sens plus général de « payer les pots cassés » ou de « régler la note », est une affaire de la vie courante. Lorsqu'un individu s'est mis dans le pétrin, c'est habituellement un ami bienveillant qui va le tirer de là.

Or, dans quel pétrin l'homme s'est-il mis ? Il a essayé de se rendre autonome, de se comporter comme étant son propre maître. En d'autres termes, l'homme déchu n'est pas simplement une créature imparfaite qui a besoin d'amélioration, mais un rebelle qui doit déposer les armes. Déposer les armes, se livrer, dire que l'on regrette, se rendre compte que l'on a suivi la mauvaise voie, être prêt à recommencer sa vie à zéro, c'est la seule manière de sortir du pétrin. Ce processus de capitulation – cette rapide marche arrière – les chrétiens l'appellent la repentance. Or, se repentir n'est pas drôle. C'est beaucoup plus difficile que de faire simplement amende honorable. C'est oublier toute l'obstination et la suffisance que nous cultivons depuis des milliers d'années, détruire une partie de soi-même et subir une sorte de mort. En fait, seul un homme bon peut faire cette démarche. Voilà le problème. Seul un individu mauvais a besoin de se repentir, mais seule une personne portée au bien peut se repentir parfaitement. Donc, plus vous êtes mauvais, plus vous avez besoin de vous repentir et moins vous le pouvez. Le seul être humain qui pourrait le faire parfaitement serait un être parfait, mais alors il n'en aurait pas besoin.

Souvenez-vous, cette repentance – cette soumission volontaire à l'humiliation et à une sorte de mort – n'est pas ce que Dieu exige de nous pour nous ramener à lui et dont il pourrait nous dispenser s'il le voulait. C'est uniquement une description de ce retour à lui. Si nous demandons à Dieu de nous ramener à lui sans la repentance, nous lui demandons en fait de nous permettre ce retour sans toutefois revenir. Ce n'est pas possible.

Il nous faut donc passer par la repentance. Mais qu'est-ce qui nous rend alors incapables de le faire ? C'est notre méchanceté. Pourrions-nous le faire avec l'aide de Dieu ? Oui, mais qu'entendons-nous quand nous parlons de l'aide de Dieu ? C'est pour ainsi dire vouloir que Dieu intervienne et mette en nous un peu de lui-même ; qu'il nous prête un peu de son pouvoir de raisonnement pour mieux penser ; qu'il mette un peu de son amour en nous pour que nous nous aimions vraiment les uns les autres. Lorsqu'on apprend à un enfant à écrire, on lui tient la main pendant qu'il forme les lettres ; autrement dit, il forme les lettres parce qu'on l'aide à les former. Nous aimons et raisonnons parce que Dieu aime et raisonne et tient notre main pendant que nous agissons. Si nous n'étions pas déchus, cela irait tout seul. Mais, malheureusement, nous avons besoin de l'aide de Dieu afin d'entrer dans une démarche que lui, en raison de sa nature, ne fait jamais : capituler, souffrir, se soumettre, mourir. Rien dans la nature de Dieu ne correspond à ce processus, si bien que cette voie unique dans laquelle nous avons besoin d'être guidés par Dieu est une route qu'il n'a jamais foulée. Dieu ne peut partager que ce qu'il possède. Cet élément, dans sa propre nature, il ne l'a pas.

Mais supposons que Dieu devienne un homme – que notre nature humaine capable de souffrir et de mourir soit unie avec la nature de Dieu en un seul individu – alors cet individu pourrait nous aider. Il renoncerait à sa propre volonté, il souffrirait et mourrait parce qu'il serait homme ; et il pourrait le faire parfaitement parce qu'il serait Dieu. Vous et moi, pouvons passer par ce processus seulement si Dieu l'opère en nous. Mais Dieu ne peut le faire que s'il devient homme. Par ailleurs, nos tentatives pour subir cette mort à nous-même ne réussiront que si nous participons à la mort de Dieu, tout comme notre entendement n'est qu'une goutte de l'océan qu'est son intelligence. Mais nous ne pouvons partager la mort de Dieu que s'il meurt. Ce n'est qu'en devenant homme que Dieu peut mourir. Voilà dans quel sens il paie notre dette et souffre pour nous ce qu'il n'a nul besoin de souffrir.

J'ai entendu certains rétorquer que si Jésus était homme et Dieu à la fois, ses souffrances et sa mort perdraient toute valeur, « parce que ce serait facile pour lui ! » D'autres, à juste titre, blâment l'ingratitude et l'indélicatesse d'une telle objection ; ce qui me consterne, c'est l'incompréhension qu'elle trahit. En un sens, ceux qui la soulèvent ont raison. Ils ont même sous-estimé la force de leurs propres arguments. La soumission parfaite, la souffrance parfaite et la mort parfaite n'étaient pas seulement plus faciles à Jésus parce qu'il était Dieu, mais elles ne pouvaient être possibles que parce qu'il était Dieu. Voilà pourtant un bien curieux prétexte pour ne pas les accepter ! Le maître est capable de former les lettres à la place de l'enfant parce qu'il est un adulte et sait écrire. Ces conditions, bien entendu, rendent tout plus facile au maître ; et, parce que c'est plus facile pour lui, il peut aider l'enfant. Si l'enfant récusait son maître en voyant la facilité évidente avec laquelle une main adulte écrit, et s'il préférait le concours d'un autre enfant inexpérimenté (et donc dépourvu de tout avantage « déloyal »), il ne progresserait pas vite. Si j'étais en train de me noyer dans une rivière tumultueuse et qu'un homme sur la rive me tendait une main secourable, devrais-je lui crier tant bien que mal : « Non, ce n'est pas juste ! Vous êtes avantagé ! Vous gardez un pied sur la terre ferme ! » Cette supériorité (appelez-la « déloyale » si le cœur vous en dit) est précisément ce qui lui permet de me porter secours. D'où nous viendra le secours si nous ne voulons pas faire appel à plus fort que nous ?

Telle est ma façon de considérer ce que les chrétiens appellent l'Expiation. Mais je vous le rappelle, ce n'est qu'une nouvelle image. Ne la confondez pas avec l'expiation elle-même, et si cette image ne vous est d'aucun secours, laissez-la tomber.

5

CONCLUSION D'ORDRE PRATIQUE

Le Christ a subi l'humiliation et le renoncement parfaits : parfaits parce qu'il était Dieu ; renoncement et humiliation parce qu'il était homme. Or la croyance chrétienne est que, si de quelque façon nous partageons l'humilité et les souffrances du Christ, nous partageons aussi sa victoire sur la mort et, par conséquent, nous jouirons d'une vie nouvelle. Nous deviendrons alors des créatures parfaites et parfaitement heureuses. Ceci va bien au-delà de toutes nos tentatives pour suivre l'enseignement du Christ. Les gens demandent souvent quand la prochaine étape de l'évolution va se produire – l'étape après l'homme. Or, du point de vue chrétien, elle s'est déjà produite. En Christ une nouvelle espèce d'homme est apparue ; et ce nouveau type de vie qu'il a lui-même inauguré doit être mis en nous.

Comment cela se fera-t-il ? D'abord, souvenez-vous comment nous avons acquis notre vie naturelle, ordinaire celle-ci. Nous la tenons, sans notre consentement, d'autres individus, père et mère, et de tous nos ancêtres, et par un procédé très curieux qu'on n'aurait jamais deviné, qui comporte jouissance, douleur et danger. La plupart d'entre nous passent de longues années de leur enfance à essayer de deviner comment ils sont venus à la vie, et quelques enfants, quand on le leur révèle, ne le croient pas. Pour ma part, je ne saurais les en blâmer car ce processus est vraiment bizarre. Or, le Dieu qui l'élabora est le même Dieu qui décida comment cette vie nouvelle – la vie du Christ – se répandrait. Attendons-nous à ce que ce processus nous paraisse bizarre lui aussi. Dieu ne nous a pas davantage consultés quand il a inventé la sexualité qu'il ne l'a fait quand il a inventé ce processus.

C'est par trois choses que la vie du Christ est répandue en nous : le baptême, la foi et cet acte mystérieux que les chrétiens appellent de noms divers : Cène, Eucharistie ou Repas du Seigneur. Tout au moins, ce sont les trois méthodes habituelles. Je ne dis pas qu'il ne puisse exister des cas particuliers où cette vie se répand sans l'une ou l'autre de ces choses. Je ne dispose pas du temps nécessaire pour traiter ces cas particuliers, et d'ailleurs je n'en ai pas la compétence. Si vous vouliez, en quelques minutes, expliquer à quelqu'un comment gagner Bordeaux, vous lui conseilleriez le train. Il pourrait, il est vrai, s'y rendre en bateau ou en avion, mais vous n'auriez pas l'idée de lui parler de ces moyens de locomotion. Je ne prends pas parti pour dire laquelle de ces trois choses est essentielle. Mon ami méthodiste aimerait que j'insiste davantage sur la foi, mais je ne m'y laisserai pas entraîner. Quiconque professe de vous enseigner la doctrine chrétienne vous dira, en fait, d'utiliser ces trois choses, ce qui suffit à notre but présent.

Moi-même, je ne vois pas pourquoi elles devraient être « conducteurs » de la vie nouvelle. Mais si l'on ne m'avait pas expliqué le mystère de la procréation, je n'aurais jamais vu la relation entre un plaisir physique particulier et la venue au monde d'un être humain. Il nous faut accepter la réalité telle qu'elle se présente à nous. À quoi sert-il de palabrer sur ce qu'elle devrait être ou que nous aurions voulu qu'elle soit ? Mais, bien que je ne voie pas pourquoi il en est ainsi, je peux vous dire pourquoi j'y crois fermement. Je vous ai expliqué pourquoi je dois croire que Jésus était (et qu'il est) Dieu. Et n'est-ce pas un fait historique que Jésus a enseigné à ses disciples que la vie nouvelle est communiquée ainsi ? En d'autres mots, je le crois sur parole. Ne vous effrayez pas de cette expression. Croire une personne « sur parole » signifie simplement admettre ce qu'elle dit parce qu'elle est digne de foi. Quatre-vingt-quinze pour cent des choses que vous savez, vous les avez crues sur parole. Je crois qu'il existe une ville appelée New York. Je ne l'ai pas vue de mes propres yeux et je ne pourrais prouver par un raisonnement abstrait qu'elle existe vraiment. Je le crois parce que des gens dignes de foi me l'ont assuré. L'homme, en général, croit sur parole au système solaire, aux atomes, à l'évolution et à la circulation du sang parce que les scientifiques le certifient. Toute affirmation historique est fondée sur une parole digne de confiance. Aucun de nous n'a vu la prise de la Bastille ou le sacre de Napoléon. Aucun de nous ne pourrait prouver ces faits par pure logique comme on prouve une vérité en mathématiques. Nous les croyons simplement parce que des témoins les ont vus et ont laissé des écrits les relatant. En fait, nous les croyons sur parole. Un homme qui rejimberait en général devant les paroles dignes de confiance, comme certains le font en matière de religion, devrait se contenter de ne rien savoir toute sa vie.

Ne pensez pas que j'érige le baptême, la foi et la Cène en éléments qui se suffisent à eux-mêmes et se substituent à nos propres tentatives d'imiter le Christ. Vous tenez votre vie naturelle de vos parents, mais cela ne signifie pas qu'elle durera si vous n'en prenez pas soin. Vous pouvez la perdre par négligence, ou la supprimer par le suicide. Il vous faut la nourrir et l'entretenir ; mais souvenez-vous toujours que vous n'en êtes pas l'auteur. Vous entretenez seulement une vie reçue de quelqu'un d'autre. De même, un chrétien peut perdre la vie nouvelle qui a été mise en lui et il doit faire ces efforts pour la conserver. Même le meilleur chrétien qui ait jamais vécu n'agit sur sa propre impulsion vitale. Il nourrit ou protège simplement une vie qu'il n'aurait jamais pu acquérir par ses propres efforts. Ceci entraîne des conséquences pratiques. Aussi longtemps que la vie naturelle anime notre corps, elle agira sans arrêt pour réparer ce corps. Faites-vous une blessure, et jusqu'à un certain point, contrairement au cadavre, ce corps guérira. Un corps vivant n'est pas un corps qui jamais ne se blesse mais qui, jusqu'à un certain point, se répare tout seul. De même, un chrétien n'est pas un homme qui ne fait jamais le mal, mais plutôt un homme apte à se repentir, à se relever et à se remettre en route après chaque faux-pas. Et ceci parce que la vie nouvelle habite en lui, le guérissant constamment, lui permettant de réitérer (jusqu'à un certain point) la sorte de mort volontaire que le Christ lui-même a soufferte.

Les gens essaient d'être bons pour plaire à Dieu si jamais il existe ou, s'ils sont athées, pour mériter l'approbation des hommes de bien. Mais le chrétien est dans une situation différente. Il croit plutôt que tout ce qu'il fait de bien émane de la vie nouvelle qui est en lui. Il ne conçoit pas que Dieu nous aime parce que nous sommes bons, mais plutôt qu'il nous rendra bons parce qu'il nous aime ; comme le toit d'une serre n'attire pas le soleil parce qu'il est brillant, mais qu'il brille parce que le soleil darde sur lui ses rayons.

Soyons clairs : quand les chrétiens disent que la vie nouvelle est en eux, ils n'évoquent pas simplement un phénomène mental ou moral. Quand ils parlent d'être « en Christ », ou du Christ « en eux », cela ne signifie pas simplement qu'ils pensent au Christ ou qu'ils l'imitent. Ils veulent dire que le Christ opère réellement à travers eux ; que l'ensemble des chrétiens est l'organisme physique au travers duquel le Christ agit – nous sommes ses doigts, ses muscles, les cellules de son corps. Peut-être est-ce la raison pour laquelle cette vie nouvelle se développe non seulement par des actions purement mentales comme la foi, mais aussi par des actes physiques comme le baptême et la Cène. Il ne s'agit pas seulement de répandre une idée ; il s'agit plutôt d'une évolution – un fait biologique ou supra-biologique. Il ne sert à rien d'essayer d'être plus spirituel que Dieu. Dieu n'a jamais voulu que l'homme soit une créature purement spirituelle. C'est pourquoi il se sert d'éléments matériels tels que le pain et le vin pour répandre la vie nouvelle en nous. Ceci nous paraît peut-être bassement matériel, sans spiritualité, mais nous nous trompons. Dieu a inventé le « boire et le manger » et il aime la matière qu'il a créée.

Un autre mystère m'intriguait autrefois : n'est-ce pas terriblement injuste que cette nouvelle vie soit l'apanage de ceux qui ont entendu parler du Christ et ont pu croire en lui ? Or Dieu ne nous a pas fait part de ses dispositions relatives aux autres individus. Nous savons parfaitement qu'aucun homme ne peut être sauvé si ce n'est par le Christ. Mais nous ne savons pas si seuls ceux qui le connaissent sont sauvés. Alors que vous vous inquiétez à propos des personnes du dehors, l'attitude la plus déraisonnable que vous puissiez adopter est de rester vous-même en dehors. Les chrétiens sont le corps du Christ, l'organisme au travers duquel il agit. Toute adjonction à ce corps lui permet d'œuvrer davantage. Si vous voulez intervenir auprès de ceux qui restent en dehors, il faut ajouter votre pauvre petite cellule au corps du Christ qui, seul, peut leur venir en aide. Sectionner les doigts d'un homme serait une bien curieuse façon de l'entraîner à travailler davantage.

Une autre objection est parfois émise : pourquoi Dieu est-il descendu d'une manière si discrète – en ce monde occupé par l'ennemi – et a-t-il créé une sorte de société secrète pour saper l'action du diable ? Pourquoi n'est-il pas venu en force envahir cette terre ? Manquerait-il de puissance ? Eh bien, les chrétiens croient qu'il va venir en force. Nous ne savons pas quand il viendra, mais nous pouvons deviner pourquoi il n'est pas encore venu. Il veut donner à chacun l'occasion de se ranger à son bord en toute liberté. Vous n'auriez sans doute pas beucoup d'estime pour un Français qui attendrait que les Alliés pénètrent en Allemagne pour se déclarer de leur côté. Dieu va revenir. Mais ces personnes qui veulent que Dieu intervienne ouvertement et directement dans notre monde, se rendent-elles compte de ce qu'il adviendra quand il le fera effectivement ? Ce sera la fin du monde, la fin du spectacle ! Mais à quoi servira-t-il, ce jour-là, de dire qu'on est de son côté au moment-même où l'univers s'évanouit comme un rêve et où quelque chose d'absolument inimaginable y pénétre avec fracas, quelque chose de si beau pour certains et si terrible pour d'autres, qu'aucun n'aura plus la possibilité de choisir ? Dieu se manifestera alors ouvertement, avec une telle force que chacun sera frappé soit d'un amour, soit d'une horreur irrésistibles. Trop tard alors pour choisir son camp ! Il ne sert à rien de dire qu'on choisit de rester couché quand il est devenu impossible de se lever. Le temps du choix sera passé. Ce sera plutôt le temps de découvrir pour quel camp nous avions vraiment opté, consciemment ou non.

C'est donc aujourd'hui, à cet instant-même, que l'occasion nous est donnée de faire le bon choix. Dieu retarde l'accomplissement de son dessein pour nous donner encore cette possibilité. Elle ne saurait durer éternellement. Il nous appartient de saisir cette occasion ou de la laisser passer.

Troisième partie

LE COMPORTEMENT CHRÉTIEN

1

LES TROIS COMPOSANTES DE LA MORALE

À la question : « Comment te représentes-tu Dieu ? » un écolier répondit qu'il l'imaginait « comme une personne qui fourre son nez partout, repère ceux qui prennent du bon temps et s'efforce de les en empêcher ». Je crains que ce soit là l'idée qu'évoque le terme de « morale » dans l'esprit de plusieurs ; quelque chose qui interviendrait pour nous empêcher de profiter de la vie. En réalité, les règles de morale constituent le guide d'utilisation de la machine humaine. Chaque règle existe pour prévenir une panne, une surtension ou un grippage. C'est pourquoi, à première vue, ces instructions paraissent contrecarrer nos penchants naturels. Lorsqu'il vous explique le fonctionnement d'une machine, l'instructeur vous répète sans cesse : « Non, ne faites pas comme ça », parce que, bien sûr, toutes sortes de manipulations ont l'air correctes et vous semblent la façon naturelle d'utiliser la machine, mais elles ne marchent pas vraiment.

Certains préfèrent parler « d'idéaux » moraux plutôt que de règles morales, « d'idéalisme » moral plutôt que d'obéissance morale. Certes, la perfection morale est un « idéal » en ce sens que nous ne pouvons l'atteindre. Et dans ce sens, toute forme de perfection constitue un idéal pour l'être humain ; malgré tous nos efforts, nous ne serons jamais de parfaits automobilistes ou de parfaits joueurs de tennis, ou nous ne parviendrons pas à tracer à main levée des droites parfaites. Mais dans un autre sens, dire que la perfection morale est un « idéal » nous induirait en erreur. Lorsqu'un individu annonce qu'une certaine femme, ou une maison, un bateau, un jardin est « son idéal », il ne veut pas dire (à moins qu'il ne soit un peu sot) que tout le monde devrait avoir le même idéal. Dans ces domaines, nous avons le droit d'avoir des goûts différents et donc des idéaux différents. Mais il est dangereux de décrire un homme s'efforçant de respecter la loi morale comme « un homme d'idéal élevé », car cela sous-entendrait que la perfection morale est une affaire de goût personnel et que les autres ne sont pas appelés à le partager. Ce serait là une erreur désastreuse ! En effet, de même que notre façon de débrayer au volant n'est jamais parfaite, notre conduite morale n'est jamais parfaite non plus. Celle-ci reste cependant un idéal nécessaire, prescrit pour tous les individus par la nature même de la machine humaine, tout comme le changement parfait des vitesses est un idéal prescrit à tous les conducteurs, par la nature même du véhicule. Il serait encore plus dangereux de se considérer comme une personne « d'idéal élevé » du fait qu'on essaie de ne plus dire aucun mensonge (au lieu de quelques mensonges seulement) ou de ne jamais commettre d'adultère (au lieu de le faire rarement). On se prendrait alors pour un petit saint, un type exceptionnel méritant qu'on le complimente pour son « idéalisme ». Dans ce cas, on pourrait tout aussi bien s'attendre à des compliments chaque fois qu'on essaie d'arriver au bon total quand on fait une addition. Bien sûr, l'arithmétique parfaite est « un idéal » et, immanquablement, il nous arrive de faire des erreurs de calcul. Mais il n'y a rien d'admirable à essayer de ne pas commettre d'erreurs dans les phases d'une addition. Ce serait stupide de ne pas essayer car chaque erreur handicapera la suite des opérations. De même, chaque échec moral posera des problèmes, à nous et peut-être à notre entourage. Parler de règles d'obéissance, au lieu « d'idéaux » et « d'idéalisme », nous aide à nous en souvenir.

Passons maintenant à la prochaine étape de notre raisonnement. La machine humaine peut se détraquer de deux façons. La première, c'est quand les hommes s'éloignent les uns des autres, ou bien se heurtent et se font du tort, par la tromperie ou les brimades. La seconde, c'est quand les choses vont de travers à l'intérieur de soi, quand les composantes de l'individu (ses désirs, ses facultés, etc.) se disloquent, ou bien se contrecarrent mutuellement. Imaginons, pour mieux comprendre, que nous soyons une flotte de navires en formation serrée. Notre voyage se passera bien à condition, premièrement, que les bateaux ne se heurtent pas et ne se coupent pas la route, et deuxièmement, que chaque navire tienne bien la mer et que ses moteurs fonctionnent bien. En fait, on ne peut avoir l'une de ces conditions sans l'autre. Si les bateaux ne cessent de se heurter, ils ne tiendront pas la mer longtemps. Et si leur gouvernail n'obéit pas correctement, ils n'éviteront pas la collision. Imaginez maintenant que l'humanité soit un orchestre. Pour obtenir un beau résultat il faut réunir deux conditions : l'instrument de chaque joueur doit être accordé et chacun doit intervenir au bon moment pour s'harmoniser avec les autres.

Mais il reste un élément que nous n'avons pas encore pris en compte. Quelle est la destination de la flotte, ou quelle est l'œuvre musicale prévue au programme ? Les instruments pourraient être accordés et intervenir au bon moment, mais le concert ne saurait être un succès si au lieu de jouer la musique de danse prévue, l'orchestre attaquait une marche funèbre. Par ailleurs, si bonne que soit la conduite des navires, la traversée se solderait par un échec si, au lieu d'atteindre New York comme prévu, le convoi atteignait Calcutta.

La morale a donc trait à trois choses. La première, c'est le fair-play et l'harmonie entre individus. La deuxième, on pourrait l'appeler le ménage en soi, l'harmonisation intérieure de chaque individu. Et la troisième, c'est le but de toute vie humaine, ce pour quoi l'homme a été créé, quel itinéraire la flotte devrait emprunter, quelle partition le chef d'orchestre devrait exécuter...

Avez-vous remarqué que de nos jours les gens pensent presque toujours au premier de ces trois éléments et oublient les deux autres. Quand les journalistes écrivent qu'on s'efforce de mettre en œuvre des valeurs chrétiennes, ils veulent dire habituellement qu'on s'efforce de développer de bonnes relations entre les nations, les différentes classes sociales et les individus. Ils n'ont en cela que le premier facteur en tête. Quand un homme explique, au sujet d'une chose qu'il veut faire : « Ce ne peut pas être mal, puisque ça ne fait de tort à personne », seul le premier facteur est pris en compte. « Peu importe l'état du bateau, estime-t-il, pourvu qu'il ne heurte pas le vaisseau voisin ! » Quand on réfléchit à la morale, il est tellement naturel de commencer par le premier élément, les relations sociales. Car d'une part, les résultats d'une morale sociale viciée sont évidents et pèsent terriblement sur nous : guerre, misère, corruption, mensonge... Et d'autre part, aussi longtemps qu'on s'en tient à ce premier élément, la question de la morale n'est pas trop dérangeante. De tout temps, presque tous les gens ont admis (en théorie) que les êtres humains doivent être honnêtes, bienveillants et secourables. Il est naturel de commencer sur ce plan-là, mais c'est inutile si la réflexion s'arrête là. Si nous ne passons pas à l'étape suivante qui concerne la transformation intérieure de chaque être humain, nous nous trompons nous-mêmes.

À quoi sert-il de dire aux navires comment naviguer pour éviter les collisions s'ils ne sont que de vieux rafiots délabrés et ingouvernables ? À quoi sert-il de coucher sur le papier des règles de conduite sociale si nous savons que notre avidité, notre lâcheté, notre mauvaise humeur et notre suffisance nous empêcheront de les observer ? Loin de moi l'idée qu'il faille cesser de réfléchir sérieusement aux améliorations à apporter à notre système social et économique ! Je veux dire plutôt que tout ne reste que fariboles si nous ne nous rendons pas compte que seuls le courage et l'oubli de soi seront capables d'assurer le bon fonctionnement de n'importe quel système. Il est assez facile d'éliminer les différentes formes de corruption ou de brimades qu'on observe dans notre système actuel ; mais aussi longtemps que les hommes seront des escrocs ou des brutes, ils trouveront quelque nouvelle astuce pour continuer le vieux jeu sous le nouveau système. On ne peut rendre les hommes bons par le biais de la loi, et sans hommes bons on ne saurait avoir une bonne société. C'est pourquoi il nous faut passer maintenant au second élément de notre étude : la morale dans le cœur de l'individu.

Cependant, je ne pense pas qu'il faille s'arrêter là non plus. La question de la morale intérieure est liée à celle des diverses croyances conduisant à des comportements différents. Il serait plus judicieux d'examiner d'abord les quelques notions de morale faisant l'unanimité chez les gens sensés. Mais le pouvons-nous ? Rappelez-vous que la religion implique des affirmations au sujet des faits soit vraies, soit fausses. Si elles sont vraies, toute une série de conclusions peut en être tirée concernant la navigation correcte de la flotte humaine ; si elles sont fausses, les conclusions seront tout autres. Revenons à l'homme prétendant qu'une chose ne peut être mauvaise que si elle blesse une autre créature humaine. Il comprend clairement qu'il ne doit pas endommager les autres navires du convoi, mais il pense en toute honnêteté que ce qu'il fait de son propre navire ne regarde que lui. Or, cela ne fait-il pas une grande différence si son bateau est sa propriété ou ne l'est pas ? Cela ne fait-il pas une grande différence si je suis, pour ainsi dire, le propriétaire de mon esprit et de mon corps, plutôt qu'un simple locataire responsable envers le vrai propriétaire ? Si quelqu'un d'autre m'a créé selon ses propres desseins, alors des obligations m'incombent à son égard, des obligations que je n'ai pas si je n'appartiens qu'à moi.

De plus, le christianisme affirme que chaque être humain vivra éternellement, ce qui est ou vrai ou faux. Or, il y a bien des choses dont je n'aurais pas à me soucier si je ne devais vivre que soixante-dix ans, mais qui prendraient toute leur importance si je devais vivre toujours. Ma mauvaise humeur ou ma jalousie vont peut-être s'accentuer progressivement, mais assez lentement pour que cette aggravation en soixante-dix ans ne soit guère repérable. Par contre, dans un million d'années, ce pourrait être l'enfer ! Donc, si le christianisme est vrai, l'enfer est le bon terme technique pour décrire cette dégénérescence. Et l'immortalité fait cette autre différence qui, soit dit en passant, est liée à la différence entre totalitarisme et démocratie : si les humains ne vivent que soixante-dix ans, alors une nation ou une civilisation, susceptibles de durer mille ans, sont plus importantes que l'individu. Mais si le christianisme est vrai, l'individu est non seulement plus important, mais incommensurablement plus important. Car il est éternel et la vie d'une nation ou d'une civilisation, comparée à la sienne, n'est qu'un fugitif instant.

Quand on réfléchit à la question de la morale, on doit donc penser à ces trois aspects : les relations d'homme à homme, ce qui se trouve à l'intérieur de chaque homme, et les relations entre l'homme et la Puissance qui l'a créé. Nous pouvons tous tomber d'accord sur le premier point. Les désaccords commenceront avec le second et s'accentueront avec le troisième. C'est en traitant le troisième que les principales différences entre les morales chrétienne et non chrétienne surgissent. Dans la suite de cette troisième partie, je vais adopter le point de vue chrétien et considérer comment se présente le tableau si le christianisme est vrai.

2

LES VERTUS CARDINALES

À l'origine, j'avais rédigé le chapitre précédent en vue de sa diffusion à la radio. Quand on vous accorde simplement dix minutes d'antenne, il faut de toute évidence être concis. L'une des raisons qui m'ont conduit à présenter la morale sous les trois aspects qui la composent (avec mon image de bateaux naviguant en convoi) est que cette distinction semblait être le chemin le plus court pour couvrir le sujet. Je tiens à mentionner maintenant une façon différente de présenter le sujet, adoptée par des écrivains d'autrefois, excellente mais trop longue pour être exposée à la radio.

Cette présentation distingue sept « vertus ». Quatre d'entre elles sont appelées les vertus « cardinales », et les trois autres les vertus « théologales ». Les « cardinales » sont celles que tous les gens civilisés admettent ; les « théologales » sont celles qui, en règle générale, sont reconnues des chrétiens seulement. Avant de traiter des théologales, j'aborderai les quatre vertus cardinales. Le terme « cardinal » n'a rien à voir avec les « cardinaux » de l'Église catholique. Il provient d'un mot latin signifiant « le gond d'une porte ». On les appela vertus « cardinales » parce qu'elles « pivotent », pourrait-on dire. Il s'agit de la PRUDENCE, la TEMPÉRANCE, la JUSTICE et la FORCE DE CARACTÈRE.

La prudence désigne le bon sens pratique qui prend la peine de réfléchir à ce qu'on fait et à ses conséquences probables. Aujourd'hui, on ne voit guère la prudence comme une vertu. Le Christ ayant dit qu'on ne peut pénétrer dans son Royaume qu'en ressemblant à des enfants, beaucoup de chrétiens considèrent qu'il importe peu qu'on soit un imbécile, pourvu qu'on soit « bon ». Mais c'est un malentendu.

En premier lieu, la plupart des enfants font preuve de « prudence » quant aux choses qui les intéressent et ils pensent fort intelligemment.

En second lieu, comme l'apôtre Paul le souligne, le Christ n'a jamais voulu dire, à propos de l'intelligence, que nous devions rester des enfants. Au contraire, il nous a demandé d'être non seulement « simples comme les colombes », mais également « prudents comme des serpents ». Il veut un cœur d'enfant mais une tête d'adulte. Il veut que nous soyons simples, affectueux, réceptifs comme le sont de bons enfants ; mais il veut aussi que chaque lueur de notre intelligence soit consacrée à son service et prête au combat. Le fait de donner de l'argent à une œuvre de charité ne nous dispense pas de chercher à savoir si cette œuvre est un attrape-nigaud. Le fait de faire de Dieu l'objet de nos pensées (par exemple quand on prie) n'implique pas de se satisfaire des idées enfantines d'un gamin de cinq ans.

Il est tout à fait vrai, naturellement, que Dieu ne nous aimera pas moins, ou ne fera pas moins appel à nous pour son service, s'il se trouve que nous avons hérité d'un cerveau moins alerte. Dieu accueille aussi les gens peu intelligents, mais il veut que chacun utilise au mieux l'intelligence dont il est doté. La consigne adéquate n'est pas « Soyez aimable, charmante soubrette, et laissez l'intelligence à d'autres, plus doués », mais plutôt « Soyez aimable, charmante soubrette, et n'oubliez pas que cela implique l'utilisation de votre intelligence autant que possible ». Dieu n'apprécie pas davantage les paresseux intellectuels que tout autre paresseux. Si vous envisagez de devenir chrétien, je vous préviens que vous vous embarquez dans une aventure qui va s'emparer de tout votre être, du cerveau comme du reste. Heureusement, il y a un juste retour des choses. Quiconque essaie honnêtement d'être chrétien constatera bientôt que son intelligence s'aiguise. Il est inutile de recevoir une éducation spéciale pour être chrétien, car le christianisme constitue en soi une éducation. C'est pourquoi un croyant sans culture comme John Bunyan fut capable d'écrire un livre qui a étonné le monde entier (*Le voyage du Pèlerin*).

La tempérance est, malheureusement, l'un de ces termes dont le sens a changé. Actuellement il signifie habibuellement abstinence de toute boisson alcoolisée. Quand la seconde vertu cardinale fut baptisée « tempérance », elle ne signifiait rien de ce genre. La tempérance ne se référait pas spécialement à la boisson mais à tous les plaisirs ; elle n'impliquait pas l'abstinence mais un usage raisonnable ne tolérant aucun abus. C'est une erreur de penser que les chrétiens devraient tous être des buveurs d'eau intransigeants. L'islam, mais pas le christianisme, est la religion des abstinents. Bien entendu s'abstenir de boissons fortes peut être le devoir de tel chrétien, ou de n'importe quel chrétien à un moment donné, soit parce qu'il ne sait pas boire sans excès, soit parce qu'il se trouve en compagnie de gens enclins à l'ivrognerie et il ne doit pas les inciter à boire. Quoi qu'il en soit, le fait est qu'il s'abstient, pour une bonne raison, de quelque chose qu'il ne condamne pas et qu'il se réjouit de voir chez d'autres. Une des caractéristiques d'un homme mauvais est qu'il ne peut renoncer à une chose sans vouloir que tous les autres l'abandonnent aussi. Telle n'est pas la voie chrétienne. À titre individuel, un chrétien peut juger bon d'abandonner toutes sortes de pratiques pour des raisons spécifiques : le mariage, la viande, le vin ou le cinéma. Mais dès qu'il commence à dire que tel acte est mauvais en soi, ou qu'il toise avec mépris ceux qui le pratiquent, il fait fausse route.

On a commis une erreur magistrale en limitant le terme « tempérance » au domaine de la boisson. Cette notion incite les gens à oublier qu'on peut manquer de tempérance dans bien des domaines. Un homme qui fait du golf ou de la moto le centre de sa vie, ou une femme qui consacre toutes ses pensées aux fanfreluches, au bridge ou à son caniche, manquent de tempérance tout comme l'homme s'enivrant chaque soir. Naturellement, ces abus ne frappent pas tous les regards. La passion du bridge ou du golf ne vous fera jamais tituber au milieu de la route. Mais les apparences extérieures ne peuvent tromper Dieu, lui qui « sonde les cœurs et les reins ».

La justice a un sens plus large que cette discipline qui se pratique dans les prétoires. C'est le terme ancien coiffant tout ce que nous appellerions maintenant « équité ». Elle inclut l'honnêteté, le principe « œil pour œil », la sincérité, le respect des promesses, tout cet aspect de la vie.

La force de caractère comprend deux formes de courage : celle qui affronte le danger aussi bien que celle qui « tient le coup » sous la douleur. « Avoir du cran » est peut-être l'expression moderne qui s'en rapproche le plus. Vous remarquerez qu'on ne peut pratiquer très longtemps aucune des autres vertus sans que celle-ci entre en jeu.

Il convient de faire une autre remarque concernant les vertus. Il y a une différence entre faire une action juste ou mesurée et être un homme juste ou modéré. Un joueur qui n'est pas un as du tennis peut épisodiquement réussir un coup splendide. Mais un homme est « bon joueur » si ses yeux, ses muscles et ses nerfs, entraînés par l'exercice, répondent au mieux aux attentes sportives. Leur tonicité ou leur qualité subsistent même lorsque le champion ne joue pas. De même, le cerveau d'un mathématicien continue de fonctionner d'une façon particulière même quand il ne fait pas de mathématiques. Par le même processus, un homme qui persévère en des actions justes finit par acquérir une certaine qualité de caractère. Quand nous parlons de « vertu », c'est à cette valeur-là que nous pensons, et non à des actions spécifiques.

La distinction est importante, car si nous pensions seulement à l'acte lui-même nous risquerions de privilégier trois idées fausses :

1° Nous pourrions penser que, pourvu qu'on fasse l'acte juste, le pourquoi et le comment n'ont aucune importance – qu'on l'ait fait volontiers ou à contrecœur, en boudant ou avec joie, par crainte de l'opinion des autres ou parce que c'est une bonne chose en soi. En vérité, les actions justes mais accomplies pour un mauvais motif ne contribuent pas à développer la qualité intérieure ou le trait de caractère qu'on appelle « vertu » ; or c'est cette qualité qui importe. Si le mauvais joueur de tennis frappe avec force, non parce qu'il le faut techniquement parlant, mais parce qu'il a perdu son calme, son coup peut, par pur hasard, l'aider à gagner la partie, mais cette réussite ne l'aidera pas à devenir un joueur de grande classe.

2° Nous pourrions penser que Dieu demande simplement l'obéissance à un ensemble de règles, tandis qu'il veut, en fait, des individus d'un type particulier.

3° Nous pourrions penser que les « vertus » sont nécessaires uniquement pour cette vie présente et que, dans l'autre monde, nous pourrions cesser d'être justes puisqu'il n'y aura plus raison de se quereller ; nous pourrions cesser d'être courageux puisque nous n'y courrons plus de danger. Il est tout à fait vrai que nous n'aurons probablement plus l'occasion d'accomplir des actes justes et courageux dans l'au-delà, mais nous aurons beaucoup d'occasions d'être le type de personne qu'on ne devient qu'en accomplissant de tels actes ici-bas. Je ne dis pas que Dieu refusera de nous admettre dans son monde éternel si nous ne présentons pas certains traits de caractère. Je dis que si nous ne présentons pas au moins l'amorce de ces qualités, aucun contexte de vie ne pourra constituer pour nous un « ciel », c'est-à-dire nous rendre heureux de ce bonheur profond et fort que Dieu désire nous donner.

3

LA MORALE SOCIALE

Il convient d'abord de dire clairement, au sujet de la morale chrétienne visant les rapports d'homme à homme, que le Christ n'est pas venu prêcher une nouvelle morale. La règle d'or du Nouveau Testament (Fais ce que tu voudrais qu'on te fasse)[1] est un condensé de ce que chacun, au fond, a toujours su être vrai. Les véritables grands maîtres de morale n'introduisent jamais de nouvelles morales et ceux qui le font sont des charlatans et des excentriques. Comme le dit le professeur Johnson : « Les gens ont plus souvent besoin qu'on leur rafraîchisse la mémoire qu on les instruise. » La tâche véritable de tout professeur de morale est de nous ramener sans cesse en arrière, aux vieux principes simples que nous sommes tous désireux d'oublier, tel un cheval réticent qu'on éperonne vers l'obstacle qu'il a refusé de franchir, ou un écolier reconduit sans cesse au paragraphe de la leçon qu'il veut esquiver.

La seconde chose à préciser est que le christianisme n'a pas, et ne prétend pas proposer un programme politique détaillé à une société donnée ou à une période donnée qui viserait à mettre en œuvre le dicton « Fais ce que tu voudrais qu'on te fasse ». Il ne peut en avoir. Celui qu'il présente est destiné à tous les hommes de tous les temps, car tel programme convenant à un lieu ou à une époque ne conviendrait pas à un autre. Lorsqu'il prescrit de nourrir les affamés, il ne donne pas de cours de cuisine. Quand il demande de lire les Saintes Écritures, il ne donne pas des leçons d'hébreu ou de grec, ou même de grammaire française.

[1] Évangile de Luc, chap. 6, v. 31

Jamais le christianisme n'a prétendu remplacer ou surclasser l'art et la science. Il est plutôt un dirigeant qui leur indiquera à chacun leur travail, et une source d'énergie qui leur insufflera une vie nouvelle, si seulement ils se mettent à sa disposition.

On dit parfois : « L'Église devrait donner l'exemple. » Cette affirmation est exacte si on comprend bien de quel exemple il s'agit. Par Église, on devrait entendre le corps entier des chrétiens pratiquants. Et lorsqu'on dit qu'il appartient à l'Église de donner l'exemple, on devrait entendre par là que certains chrétiens – ceux qui sont dotés des talents correspondants – devraient être économistes ou hommes d'État, et que tous les économistes et tous les hommes d'État devraient être chrétiens et être mus dans leur action par ce principe : « Fais ce que tu voudrais qu'on te fasse. » Si cela se produisait et si nous le voulions vraiment, nous trouverions assez vite la solution chrétienne à tous nos problèmes sociaux. Mais, naturellement, ceux qui attendent de l'Église qu'elle donne l'exemple veulent plutôt voir le clergé élaborer un programme politique. C'est stupide. La particularité du clergé est d'avoir été mis à part et d'avoir reçu une formation pour s'occuper de ce qui nous importe en tant que créatures destinées à vivre éternellement. Or, nous lui demandons de remplir une fonction totalement différente, pour laquelle il n'a pas été formé. C'est à nous que toute cette tâche incombe, à nous les laïcs. On n'attend pas de la Conférence Épiscopale qu'elle écrive des pièces de théâtre ou des romans chrétiens, mais plutôt de romanciers et de dramaturges. Des syndicalistes chrétiens appliqueront les principes chrétiens au syndicalisme, et des enseignants chrétiens les introduiront dans l'éducation.

De même, le Nouveau Testament, sans entrer dans les détails, nous donne une vue assez claire de ce que serait une société pleinement chrétienne. Peut-être nous offre-t-il plus que nous ne pouvons assimiler. Il nous dit qu'il ne doit pas y avoir de vagabonds ou de parasites : un homme qui ne travaille pas ne doit pas manger. Chacun doit œuvrer de ses mains, et qui plus est, tout travail doit produire quelque chose de bien. Ainsi disparaîtraient les usines de ridicules objets de luxe et la publicité encore plus ridicule qui nous incite à les acheter. Il ne doit y avoir ni « frimeur », ni « planqué », ni « m'as-tu vu ». Une société chrétienne ressemblerait alors à celle que nous considérons maintenant comme « de gauche ».

D'autre part, la Bible insiste sans cesse sur l'obéissance – obéissance (et marques de respect) de nous tous à l'égard des magistrats correctement nommés, des enfants vis-à-vis des parents et (j'ai peur de me rendre impopulaire) des épouses envers leurs maris.

Ce serait, en troisième lieu, une société joyeuse, pleine de chants et de réjouissances, considérant comme un tort l'inquiétude ou l'anxiété. La courtoisie est l'une des vertus chrétiennes, et le Nouveau Testament hait ceux qui « se mêlent des affaires des autres », comme on dit.

S'il existait une telle société et que vous ou moi lui rendions visite, je pense que nous la quitterions avec une impression curieuse. Nous aurions le sentiment que sa vie économique est très socialisante et, dans ce sens, « avancée », mais que sa vie familiale et son code de mœurs sont plutôt vieux jeu, voire cérémoniaux ou aristocratiques. Chacun apprécierait certains aspects de cette société, mais je crains que très peu en aimeraient l'ensemble. Voilà ce à quoi l'on peut s'attendre si le christianisme est le plan de Dieu prévu pour la machine humaine. Nous nous sommes tous éloignés de ce plan de diverses façons, car chacun veut prouver que ses propres modifications du plan d'origine constituent le plan lui-même. Vous retrouverez ce travers encore et encore à propos de tout ce qui est réellement chrétien ; chacun est attiré par certains aspects de l'ensemble mais laisse de côté le reste. C'est pourquoi nous n'avançons guère et que des gens visant des buts diamétralement opposés peuvent dire de bonne foi qu'ils combattent pour le christianisme.

Passons à un autre point. Le système économique moderne a totalement désobéi à un conseil donné par les anciens Grecs païens, par les Juifs de l'Ancien Testament et par les grands théologiens du Moyen Âge. Tous ces gens nous ont dit de ne pas faire de prêt portant intérêt. Or cette pratique – que nous appelons l'investissement – est le fondement de tout notre système. Ceci ne veut pas nécessairement dire que nous ayons tort. Certains disent que lorsque Moïse, Aristote et les chrétiens s'accordaient pour interdire l'intérêt (ou « l'usure » comme on l'appelait alors), ils ne pouvaient prévoir le développement des sociétés par actions, ils ne pensaient qu'au prêteur particulier et, par conséquent, nous n'avons pas à nous soucier de leurs propos. C'est là une question sur laquelle je ne puis prendre position. Je ne suis pas un économiste et franchement, je ne sais pas si le système d'investissement est responsable ou non de l'état dans lequel nous sommes plongés. Sur ce point nous avons besoin de l'aide de l'économiste chrétien. Mais j'aurais manqué d'honnêteté si j'avais passé sous silence que trois grandes civilisations étaient d'accord (du moins à première vue) pour condamner le principe même sur lequel nous avons fondé tout notre mode de vie.

Encore une précision et j'en aurai fini. Nous trouvons dans un texte du Nouveau Testament que chacun doit travailler « pour avoir de quoi donner à celui qui est dans le besoin ». La charité (l'aumône) est une partie essentielle de la morale chrétienne. Dans la saisissante parabole des brebis et des boucs, il semble qu'elle constitue le principe charnière de ce récit. De nos jours, certains avancent que la charité ne devrait plus être nécessaire et qu'au lieu de donner aux pauvres, nous devrions construire une société dans laquelle il n'y aurait plus de pauvres à secourir. Peut-être ont-ils entièrement raison. Toutefois, si quiconque pense qu'on peut cesser de donner aux pauvres, il fausse compagnie à la morale chrétienne. Je ne crois pas qu'on puisse fixer la somme à donner. J'ai grand-peur que la seule règle valable soit d'offrir plus qu'on peut épargner. En d'autres termes, si nos dépenses de confort, de superflu, de divertissements, etc., équivalent en moyenne à celles des personnes qui disposent d'un revenu similaire au nôtre, alors probablement nous donnons trop peu. Si nos dons n'entraînent pour nous ni privations, ni gêne, j'ose prétendre qu'ils sont trop faibles.

Il devrait y avoir des choses que nous aimerions faire et auxquelles nous renonçons parce que la somme consacrée à nos buts charitables en exclut la possibilité. Je parle là de « faire la charité » au sens ordinaire. Les cas particuliers de détresse parmi nos propres parents, nos amis, nos voisins ou employés, que Dieu, pour ainsi dire, impose à notre attention, peuvent exiger beaucoup plus, jusqu'à amoindrir ou mettre en danger notre patrimoine. Pour beaucoup d'entre nous, le grand obstacle à la charité réside non dans notre mode de vie somptueux ou notre cupidité, mais dans notre crainte – la peur de l'insécurité. Cette crainte constitue souvent une tentation. Quelquefois aussi notre orgueil freine notre charité. Nous sommes tentés de dépenser plus que nécessaire dans les aspects tape-à-l'œil de la générosité (pourboires, hospitalité) et moins en faveur de ceux qui ont réellement besoin de notre aide.

Avant de conclure, je vais m'aventurer à deviner comment les lecteurs ont réagi à ce chapitre. Il y a sans doute parmi eux quelques partisans gauchistes, très irrités qu'on ne soit pas allé plus loin dans cette voie ; ou d'autres du bord opposé, révoltés des exagérations dans ce domaine. S'il en est ainsi, nous voici face au véritable écueil à surmonter pour établir un modèle de société chrétienne. La plupart d'entre nous, d'ailleurs, n'abordent pas vraiment le sujet dans le but de découvrir ce que propose le christianisme. Notre approche cache plutôt l'espoir que le christianisme confortera nos conceptions et nos orientations personnelles. Nous recherchons un allié là où on nous offre un Maître, un Juge. Je suis également dans ce cas. J'aurais aimé ne pas inclure bien des passages de ce chapitre. C'est pourquoi rien ne saurait résulter de tels propos à moins d'aller beaucoup plus loin dans notre réflexion. Une société chrétienne ne verra le jour que si la plupart d'entre nous le voulons vraiment ; et nous ne le voudrons pas à moins de devenir des chrétiens convaincus. Je puis répéter « Fais ce que tu voudrais qu'on te fasse » jusqu'à m'enrayer la voix, mais je ne le mettrai vraiment en pratique que si j'aime mon prochain comme moi-même. Et je ne puis apprendre à aimer mon prochain comme moi-même que si j'apprends à aimer Dieu. Je ne puis apprendre à aimer Dieu que si j'apprends à lui obéir. Ainsi, comme je vous ai prévenu, nous sommes conduits inéluctablement vers quelque chose de plus profond – conduits du domaine social vers le domaine religieux. Car le chemin le plus sinueux, c'est le plus court pour rentrer chez soi.

4

MORALE ET PSYCHANALYSE

Je l'ai déjà écrit, nous n'obtiendrons jamais une société chrétienne à moins que la plupart de ses membres ne deviennent des chrétiens convaincus. Ceci ne signifie pas, bien sûr, que nous pouvons remettre à plus tard toute initiative en faveur de cette société, la repousser à quelque date fantaisiste dans un avenir lointain. Ceci signifie plutôt que nous devons entreprendre immédiatement et conjointement deux tâches :

1° voir comment ce « Fais ce que tu voudrais qu'on te fasse » peut être mis en pratique dans la société moderne,

2° et devenir ceux qui mettraient en œuvre ce principe s'ils savaient comment le faire.

Voyons maintenant ce qu'est la vision chrétienne de l'homme bon, les caractéristiques chrétiennes pour la machine humaine.

Avant d'en venir aux détails, je désire attirer votre attention sur deux points d'ordre général. Tout d'abord, puisque la morale chrétienne s'avère être une technique permettant de guider la machine humaine dans la bonne voie, sans doute aimeriez-vous savoir quelle est sa parenté avec une autre technique qui semble prétendre la même chose : la psychanalyse.

À ce propos, il faut distinguer très clairement entre, d'une part les théories médicales et la technique de la psychanalyse en vigueur actuellement et, d'autre part, la conception philosophique du monde conçue par Freud et quelques autres. Cette philosophie freudienne est en contradiction flagrante avec le christianisme, ainsi qu'avec le grand psychologue Jung. Quand Freud explique la thérapeutique des névroses, il parle en spécialiste de son sujet, mais lorsqu'il se lance dans la philosophie de façon plus générale, il discute en amateur. Il est donc tout à fait raisonnable de lui accorder du crédit dans un cas mais non dans l'autre. C'est là mon opinion. J'y suis d'autant plus attaché que j'ai constaté l'ignorance de Freud lorsqu'il sort de sa spécialité pour aborder un sujet de ma compétence (à savoir le langage). Mais la psychanalyse elle-même, mises à part les adjonctions de Freud et d'autres, n'est nullement en contradiction avec le christianisme. Sa technique se confond avec la morale chrétienne sur quelques points et ce ne serait pas mauvais si chaque individu en connaissait quelques rudiments. Mais la psychanalyse ne suit pas la même voie que la morale chrétienne sur tout le parcours, car les deux techniques ont des objectifs différents.

Quand un homme fait un choix moral, deux facteurs sont en jeu. L'un est l'acte même de choisir, l'autre comprend les sentiments divers et les pulsions qui, provenant de son bagage psychologique, constituent la matière première de son choix. Or, cette matière première peut être de deux types. Elle peut être ce que nous qualifierions de normale – à savoir les sentiments communs à tous les hommes – ou consister en des sentiments dits anormaux, dus à des choses qui se sont mal passées dans le subconscient de cet homme. Ainsi la crainte de ce qui présente un réel danger serait un exemple du premier type de matière première ; un effroi irrationnel des chats ou des araignées serait un exemple du second type. Le désir d'un homme pour une femme serait du premier type ; le désir d'un homme pour un autre homme entrerait dans la seconde catégorie. En fait, la psychanalyse entreprend de supprimer les sentiments anormaux, c'est-à-dire de donner à l'homme une meilleure matière première pour faire des choix. La morale a trait aux actes choisis eux-mêmes.

Disons-le autrement. Trois hommes vont à la guerre. L'un éprouve à l'égard du danger la peur naturelle qui tenaille tout individu. Il la domine par un effort moral et il fait preuve de courage. Les deux autres, du fait de troubles dans leur subconscient, ressentent une frayeur exagérée, irrationnelle, sur laquelle aucun effort moral n'a de prise. Supposez qu'un psychanalyste intervienne et les guérisse tous deux, qu'il les ramène à l'état du premier. C'est alors que le problème psychique disparaît et que le problème moral apparaît ! Parce que, maintenant que ces deux hommes sont guéris, ils pourraient prendre des voies totalement divergentes. Le premier pourrait dire : « Grâce à Dieu je me suis débarrassé de tous ces blocages. Je peux enfin faire mon devoir envers mon pays, ce que j'ai toujours désiré. » Mais l'autre pourrait s'écrier : « Excellent. Je me réjouis de me sentir assez calme sous le feu, mais ça ne m'empêche pas de rester drôlement décidé à veiller sur moi seul et à laisser autant que possible le copain faire le boulot dangereux. À vrai dire, l'avantage maintenant que j'ai moins peur, est que je peux beaucoup mieux m'occuper de moi-même et beaucoup mieux le cacher aux autres. » Or, cette différence entre les deux hommes est purement morale et la psychanalyse n'y peut rien. Quelle que soit l'amélioration que vous apportiez à la matière première humaine, vous vous trouvez toujours en présence d'un autre élément : le choix réellement libre de l'homme de privilégier son intérêt ou non. Ce libre choix est la seule chose à laquelle s'intéresse la morale.

Le mauvais matériau psychologique n'est pas un péché mais une maladie. On n'a pas besoin de s'en repentir, mais d'en être guéri. Et soit dit en passant, c'est très important. Les êtres humains se jugent mutuellement d'après leurs actes extérieurs. Dieu les soupèse selon leurs choix moraux. Lorsqu'un névrotique ayant une horreur pathologique des chats se force à prendre un chat dans ses bras pour quelque bonne raison, il est fort possible qu'aux yeux de Dieu il ait montré plus de courage qu'un combattant ayant obtenu la Médaille Militaire. Quand un individu perverti dès l'enfance, à qui l'on a fait croire que la cruauté est chose normale, manifeste un peu de tendresse ou renonce à quelque penchant cruel – et risque ainsi les sarcasmes de ses compagnons – il peut, aux yeux de Dieu, faire plus que si vous et moi donnions notre vie pour un ami...

Utilisons une autre image. Certains d'entre nous, gens tout à fait bien apparemment, ont fait un si mauvais usage de leur bonne hérédité ou de leur bonne éducation qu'ils sont en fait pires que ceux que nous considérons comme des monstres. Savons-nous vraiment comment nous aurions agi si nous avions disposé du même bagage psychologique, de la même éducation déplorable et de la même puissance politique qu'un Hitler par exemple ? C'est pourquoi il est dit aux chrétiens de ne pas porter de jugement. Nous voyons seulement les résultats des choix qu'un homme tire de sa matière première. Dieu ne le juge absolument pas d'après celle-ci mais d'après l'usage qu'il en fait. La majeure partie de l'acquis psychologique d'un individu est probablement lié à son corps. Quand son corps meurt tout cela disparaît, et l'homme véritable, l'être qui choisit, qui a tiré le meilleur ou le pire de cette matière première, se retrouve nu. Toutes sortes de qualités dont nous nous attribuons le mérite, bien qu'elles soient seulement le fait d'une bonne éducation ou d'une nutrition équilibrée, disparaîtront chez certains. Et toutes sortes de défauts dus à des complexes ou à une santé déficiente disparaîtront chez les autres. Pour la première fois, nous verrons chacun tel qu'il est. Que de surprises, alors !

Ceci nous amène à mon second point. Les gens voient souvent la morale chrétienne comme une espèce de marchandage où Dieu dit : « Si tu observes beaucoup de règles, je te récompenserai, sinon gare à toi. » Ce n'est pas, à mon avis, la meilleure façon de considérer la question. Je dirais plutôt que, chaque fois que vous faites un choix, vous transformez la partie centrale de votre être, celle qui choisit, en quelque chose d'un peu différent de ce qu'elle était. Si vous considérez les choix innombrables que vous avez eus à faire tout au long de votre vie, vous verrez que lentement, vous avez transformé votre être intérieur, soit en une créature céleste en harmonie avec Dieu, avec les autres et avec vous-même, soit en une créature infernale, en état de guerre contre Dieu, contre les autres et contre vous-même. Appartenir à la première catégorie, c'est le ciel ou, en d'autres termes, la joie, la paix, la connaissance et la puissance. Mais appartenir à l'autre signifie folie, horreur, sottise, rage, impuissance et solitude éternelle. Chacun de nous, à tout moment, progresse vers l'une ou l'autre de ces deux catégories.

Ainsi s'explique ce qui m'a toujours intrigué chez les écrivains chrétiens : ils semblent être très sévères à un moment donné, mais indulgents et compréhensifs à d'autres moments. Ils parlent comme si de simples mauvaises pensées étaient extrêmement importantes alors que meurtres et terribles trahisons s'effaçaient d'un simple repentir. Or, j'en suis arrivé à comprendre qu'ils ont raison. C'est à l'impact de l'acte sur cette partie de notre être qu'ils pensent, cette partie de notre être que personne ne voit, mais que chacun de nous devra supporter – ou dont il se réjouira – à jamais. Un individu peut être dans une situation telle que sa colère provoquera l'effusion du sang de milliers de personnes. Par contre, un autre, se trouvant dans une situation différente, verra sa fureur – si explosive soit-elle – tournée en dérision. Pourtant la cicatrice sur l'âme peut être la même dans les deux cas. Chacun s'est fait du mal et, à moins qu'il ne se repente, il aura plus de difficulté à réfréner sa colère à la prochaine tentation, et sa rage sera pire quand il y succombera. Pour chacun d'eux, c'est en se tournant vers Dieu avec sérieux que de tels nœuds pourront être dénoués ; sinon, à la longue, il est condamné. L'importance des conséquences d'un acte, vue de l'extérieur, n'est pas ce qui compte vraiment.

Un dernier point. Rappelez-vous, comme je l'ai dit, que la bonne voie conduit non seulement à la paix mais aussi à la connaissance. Lorsqu'un homme devient meilleur, il comprend de plus en plus clairement le mal qui subsiste en lui. Mais si un homme devient pire, il comprend de moins en moins sa propre méchanceté. Un homme modérément mauvais sait qu'il n'est pas très bon ; un homme complètement dévoyé pense qu'il est très bien. C'est une question de bon sens. C'est éveillé que l'on comprend le sommeil et non pendant qu'on dort. Le bon fonctionnement de nos facultés nous permet de repérer des erreurs de calcul, mais elles nous échappent au moment où nous les faisons. On peut comprendre la nature de l'ivrognerie quand on est sobre, non quand on est ivre. Les gens convenables voient ce qui est bien ou mal. Les gens mauvais ne voient ni l'un ni l'autre.

5

LA MORALE SEXUELLE

Venons-en maintenant à l'étude de la morale chrétienne concernant la sexualité, ce que les chrétiens appellent la vertu de chasteté. Il ne faut pas confondre la règle chrétienne de chasteté avec la règle sociale de « pudeur », c'est-à-dire la bienséance ou la décence. La règle sociale de bienséance a défini quelle portion du corps humain pouvait être exposée, de quels sujets et dans quels termes on pouvait s'entretenir, en fonction des coutumes d'un milieu social donné. Ainsi, alors que la règle de chasteté est la même pour tous les chrétiens de tous les temps, la règle de bienséance change. Une jeune fille des îles du Pacifique, quasiment nue, et une dame de l'ère victorienne dans son amoncellement de vêtements peuvent toutes deux être pudiques, convenables ou décentes selon les normes de leur propre société. Et toutes deux, d'après ce qu'on peut conclure de leur tenue vestimentaire, peuvent être aussi chastes l'une que l'autre ou, au contraire, impudiques. Certaines expressions qu'utilisaient les femmes chastes au temps de Shakespeare n'auraient pu être proférées au dix-neuvième siècle que par une femme dévergondée. Lorsque les gens rompent la règle de pudeur en usage à leur époque et dans leur milieu, si leur intention est d'exciter leur propre concupiscence ou la convoitise chez les autres, ils offensent la chasteté. Mais s'ils la violent par ignorance ou insouciance, ils ne sont coupables que de mauvaises manières. Quand ils la violent par défi – et c'est souvent le cas – dans le but de choquer ou d'embarrasser autrui, ils ne sont pas forcément impudiques mais manquent de charité. Prendre un malin plaisir à mettre les autres mal à l'aise ne révèle-t-il pas un manque de charité ?

Je ne pense pas que des valeurs très strictes ou tâtillonnes soient une preuve de chasteté ou qu'elles y contribuent. J'estime comme une bonne chose l'assouplissement et la simplification de la règle morale intervenues au cours de mon existence. Sa phase actuelle d'évolution présente toutefois l'inconvénient que les personnes d'âge et d'éducation différents ne reconnaissent pas les mêmes règles et nous sommes tous un peu perdus. Tant que dure cette confusion, je pense que les personnes âgées, ou « à la vieille mode », devraient veiller à ne pas prétendre que les jeunes ou « les émancipés » sont dépravés alors qu'ils ne sont (selon les anciennes normes) qu'inconvenants. En retour, les jeunes ne devraient pas traiter leurs aînés de ridicules ou de puritains sous prétexte qu'ils n'adoptent pas spontanément les nouvelles normes. Le désir sincère de croire le maximum de bien des autres et de les mettre à l'aise autant que possible, résoudra la plupart des problèmes.

La chasteté est la plus impopulaire des vertus chrétiennes. On ne peut y échapper. La règle chrétienne est : « Soit le mariage avec fidélité absolue au conjoint, soit l'abstinence totale. » Or, c'est si difficile et si contraire à nos instincts que, manifestement, soit le christianisme a tort, soit notre instinct sexuel – tel qu'il est maintenant – s'est déréglé. L'un ou l'autre. En tant que chrétien, j'opte naturellement pour le dérèglement de l'instinct.

J'ai cependant d'autres raisons de penser ainsi. Le but biologique de l'instinct sexuel est la procréation, comme le but biologique de manger est la réparation des forces corporelles. Or, si nous mangeons chaque fois que nous en avons envie et aussi copieusement que nous le voulons, il est bien certain que la plupart d'entre nous mangeront trop, certes, mais pas énormément. Un homme peut manger pour deux mais pas pour dix. L'appétit dépasse un peu son but biologique mais jamais énormément. Si un solide jeune homme satisfait son appétit sexuel chaque fois qu'il en a envie, et en supposant que chaque rapport produise un bébé, en dix ans il pourrait aisément peupler un petit village. Vu sous cet angle, cet appétit est excessif et absurde.

Présentons la chose différemment. On peut réunir un large public pour voir une fille se déshabiller sur scène. Supposons maintenant que vous alliez dans un pays où, au lieu d'une séance de strip-tease, on remplisse un théâtre en présentant sur scène un plat recouvert. Le couvercle serait soulevé pour que chacun voie, avant l'extinction des feux de la rampe, une côtelette de mouton ou une tranche de rosbif. Ne penseriez-vous pas que, dans ce pays, la notion d'appétit est détraquée ? De même, quiconque élevé dans un monde différent du nôtre pensera notre instinct sexuel tout aussi bizarre...

Un critique a déclaré que s'il découvrait un pays dans lequel de tels actes de strip-tease alimentaire étaient populaires, il en conclurait que le peuple de ce pays était affamé. Il voulait dire, bien sûr, qu'un tel phénomène de strip-tease résulterait non d'une dépravation sexuelle mais d'une famine sur le plan sexuel. Je suis d'accord que si, en quelque lointaine contrée, nous trouvions des actes similaires très populaires avec des côtelettes de mouton, l'une des explications plausibles pourrait être la famine. Mais il conviendrait ensuite de tester notre hypothèse en cherchant à savoir, en fait, si on consomme peu ou beaucoup de nourriture dans ce pays. Si d'évidence une nourriture abondante est absorbée, il nous faudra abandonner l'hypothèse de la famine et orienter nos recherches dans une autre voie. De même, avant de conclure que la famine sexuelle est la cause des strip-teases, nous devrions chercher des preuves d'un taux d'abstinence sexuelle plus élevé aujourd'hui que lorsque le strip-tease était inconnu. Mais il n'y en a pas. Les contraceptifs ont rendu l'acte sexuel beaucoup moins lourd de conséquences qu'autrefois dans le mariage – et bien sûr en dehors du mariage. L'opinion publique est moins hostile à l'union libre et même à la perversion qu'elle ne l'était autrefois dans nos pays christianisés. L'hypothèse de la « famine » n'est pas non plus la seule qu'on puisse imaginer. Chacun sait que l'appétit sexuel, comme tous les autres, s'accroît si l'on s'y abandonne. Les affamés pensent sans doute beaucoup à la nourriture, mais les gloutons aussi. Les repus, comme les affamés, aiment être émoustillés...

Et voici le troisième point. Vous trouvez très peu de gens qui veulent manger des produits non comestibles, ou utiliser la nourriture à d'autres usages que le manger. Autrement dit, les perversions de l'appétit concernant la table sont rares. Mais les perversions de l'instinct sexuel sont nombreuses, effrayantes et difficiles à guérir. Je suis gêné d'avoir à entrer dans tous ces détails mais je le dois car vous et moi, pendant ces dernières décennies, nous avons été abreuvés quotidiennement de mensonges tenaces concernant la sexualité. On nous répète, jusqu'à satiété, que le désir sexuel est de même nature que n'importe quel autre désir : si seulement nous abandonnions la vieille idée stupide de l'époque victorienne de le réduire au silence, tout serait délicieux ! Ce n'est pas le cas. Dès l'instant où vous observez les faits, en dépit de ce qu'on veut nous faire croire, vous découvrez qu'il n'en est rien.

On nous dit que la sexualité est devenue un gâchis parce qu'elle a été étouffée. Mais pendant ces trente dernières années, elle n'a pas été étouffée. On ne fait que parler d'elle ! Si l'étouffement avait été la cause de tout ce trouble, une ventilation aurait rétabli l'ordre normal. Or elle n'a rien changé. Je pense qu'il faut envisager la question autrement. Je crois qu'à l'origine, la race humaine a étouffé cet instinct sexuel parce qu'il était devenu anarchique. Les gens modernes proclament sans cesse : « Il n'y a pas lieu d'avoir honte du sexe. » Par là ils peuvent avoir deux pensées en tête. Tout d'abord : « Pas de raison d'avoir honte de ce que la race humaine se reproduise d'une certaine façon, ni de la jouissance que cela procure. » Si c'est bien là leur idée, ils ont raison. Le christianisme dit de même. Ce n'est pas dans l'acte ni dans le plaisir que réside le problème. Les prédicateurs chrétiens d'autrefois affirmaient que, sans la chute originelle de l'homme, le plaisir sexuel, au lieu d'être amoindri comme maintenant, serait en réalité plus grand. Et si quelques chrétiens à l'esprit confus jettent le discrédit sur la sexualité, le corps ou la jouissance, ils ont tort. Le christianisme est presque la seule religion qui apprécie le corps, qui croit que la matière est bonne, que Dieu lui-même a revêtu un jour un corps humain et qu'une certaine forme corporelle nous sera donnée au Ciel et constituera une part essentielle de notre bonheur, de notre beauté et de notre énergie. Le christianisme a glorifié le mariage plus que toute autre religion. Quasiment toute la plus belle poésie d'amour dans le monde est l'œuvre de chrétiens. Si quelqu'un a dit que la sexualité en soi est mauvaise, le christianisme le contredit sur-le-champ.

D'autre part, quand les gens affirment : « Aucune raison d'avoir honte de la sexualité », ils peuvent signifier que le stade auquel l'instinct a évolué maintenant n'a rien de honteux. Si telle est vraiment leur pensée, je crois qu'ils ont tort. J'estime qu'il y a vraiment lieu d'en avoir honte. Si la moitié du genre humain faisait de la nourriture l'intérêt primordial de sa vie et passait son temps à la contempler tout en bavant et en se pourléchant les babines, ce serait une honte. Cependant, il n'est pas honteux de savourer de la nourriture. Je n'avance pas que vous et moi soyons individuellement responsables de la situation présente. Nos ancêtres nous ont transmis sur ce point des appétits pervertis et nous grandissons entourés d'une propagande en faveur de l'impudicité. Certains individus veulent enflammer en permanence notre instinct sexuel pour nous soutirer de l'argent parce que, évidemment, un homme obsédé offre peu de résistance à la tentation. Dieu connaît notre situation et ne nous jugera pas comme si nous n'avions pas de difficultés à vaincre. Mais ce qui compte, c'est la sincérité et la persévérance de notre volonté à les surmonter.

Pour être guéri, il nous faut d'abord le vouloir, et ceux qui demandent vraiment du secours l'obtiennent. Pour beaucoup de gens modernes, cependant, même le souhait est difficile. Il est aisé de se persuader qu'on veut quelque chose sans que s'engage notre volonté. Il y a fort longtemps, un chrétien célèbre nous a raconté qu'adolescent il priait constamment pour rester chaste. Cependant il prit conscience, des années plus tard, que lorsque ses lèvres murmuraient « Ô Seigneur, rends-moi chaste », son cœur secrètement ajoutait « mais je t'en prie, pas tout de suite ». Nos prières réclamant les vertus qui nous manquent ne sont-elles pas souvent ainsi ? Mais il existe trois raisons pour lesquelles il nous est particulièrement difficile de désirer – sans parler d'observer – une chasteté totale.

Tout d'abord, notre nature corrompue et toute la propagande en faveur du désir charnel s'unissent pour nous faire croire que les désirs sexuels auxquels nous résistons sont si « naturels », si « saints » et si raisonnables, qu'il est presque pervers et anormal de leur résister. Affiche après affiche, film après film, roman après roman, les démons tentateurs associent la notion de complaisance sexuelle aux idées de santé, moralité, jeunesse, franchise et bonne humeur. Or, ce rapprochement est un leurre. Comme tout mensonge puissant, il se fonde sur une vérité, celle-ci dans le cas qui nous intéresse : la sexualité en soi (hormis les excès et les obsessions dont elle est l'objet) est « normale » et « saine ». Le mensonge c'est de suggérer que toute tentation sexuelle à un moment donné est saine et normale. Or, même en dehors de toute notion chrétienne, ceci est absurde. Capituler devant tous nos désirs conduit manifestement à la faiblesse, la maladie, la jalousie, le mensonge, la dissimulation et tout ce qui est contraire à la santé, la bonne humeur ou la franchise. Pour toute joie, des contraintes s'avèrent nécessaires en ce bas monde ; ainsi la prétention de tout désir, quand il est fort, d'être sain et raisonnable n'a aucune valeur. Tout individu sain d'esprit et civilisé doit disposer de principes d'après lesquels il choisit de rejeter certains de ses désirs pour en valoriser d'autres. Une personne le fera selon ses principes chrétiens ou des principes d'hygiène ; une autre le fera avec des principes sociologiques. Le conflit ne réside pas entre le christianisme et la « nature », mais bien entre les principes chrétiens et d'autres principes qui contrôlent la « nature ». Car la « nature » (dans le sens du désir naturel) devra de toute façon être contrôlée, à moins que vous teniez à ruiner votre vie. Les principes chrétiens sont, de l'avis général, plus stricts que les autres, mais nous pensons que nous recevons une aide divine pour y obéir.

En second lieu, beaucoup de gens pensent qu'il est impossible de se conformer aux principes chrétiens de chasteté. Mais quand on veut entreprendre quelque chose, on ne doit jamais penser à nos chances de succès. Face à une épreuve facultative, l'étudiant se demande s'il est judicieux de la traiter. Mais l'épreuve obligatoire, il devra la traiter de son mieux. Peut-être ne récoltera-t-il que quelques points pour une réponse très moyenne, mais il aura un zéro s'il rend la page blanche. Lorsqu'on passe un examen, mais aussi quand on escalade une paroi, qu'on apprend à patiner ou qu'on boutonne son manteau avec des doigts gelés..., on fait souvent ce qui nous semblait impossible. C'est merveilleux ce qu'on peut faire quand on y est obligé !

De même qu'on ne peut atteindre la parfaite charité envers autrui par nos efforts humains, on n'atteindra jamais la chasteté parfaite. Il faut demander l'aide de Dieu. « Mais je l'ai déjà fait, me direz-vous. Et aucun secours ne m'est parvenu. » Ne soyez pas troublés. Après chaque échec, implorez le pardon, reprenez courage et essayez à nouveau. Très souvent, le secours que nous offre Dieu d'abord n'est pas la vertu elle-même mais la capacité d'essayer à nouveau. Aussi importante que soit la chasteté – ou le courage, la droiture ou toute autre vertu – ce processus constitue une éducation de l'âme bien plus importante encore. Il efface nos illusions sur nous-mêmes et nous enseigne à dépendre de Dieu. Nous apprenons que nous ne pouvons pas avoir confiance en nous, même à nos meilleurs moments, et aussi que nous ne devons pas désespérer aux pires moments car nos échecs sont pardonnés. La seule attitude fatale serait de ne plus rechercher la perfection.

Troisièmement, les gens ont mal compris l'enseignement de la psychologie au sujet des « refoulements ». Elle nous apprend que la sexualité « refoulée » est dangereuse. Mais

« refoulé » est ici un terme technique et ne signifie pas « supprimé » dans le sens de « nié » ou « combattu ». Un désir ou une pensée refoulés par nous est un désir ou une pensée que nous avons repoussé dans le subconscient (généralement à un âge tendre) et qui ne peut ressurgir aujourd'hui dans notre esprit que sous une forme déguisée et méconnaissable. La sexualité refoulée n'apparaît pas au patient comme étant de la sexualité. Lorsqu'un adolescent ou un adulte résistent à un désir conscient, il ne s'agit pas de refoulement ; et ils ne courent aucun risque de créer un refoulement. Au contraire ceux qui, sérieusement, s'efforcent d'atteindre la chasteté sont plus conscients de leur propre sexualité et en savent souvent bien plus que quiconque. Ils en arrivent à connaître leurs désirs comme Wellington les pensées de Napoléon, ou Sherlock Holmes[1] celles de Moriarty. Comme un chasseur de rats connaît bien les rats, ou un plombier les fuites d'eau... La vertu, même la vertu qu'on cherche à avoir, apporte la lumière ; le laisser-aller nous jette dans le brouillard.

Pour terminer, bien que j'aie dû parler assez longuement de la sexualité, je veux clairement souligner que le cœur de la morale chrétienne n'est pas là. Quiconque estime que les chrétiens considèrent l'impudicité comme le vice suprême a complètement tort. Les péchés de la chair sont mauvais mais ils sont les moindres de tous. Les pires jouissances sont purement spirituelles et se caractérisent par le plaisir de mettre autrui dans son tort, de régenter, de jouer les trouble-fête, de médire, de prendre son plaisir dans le pouvoir et la haine. Car il y a deux pulsions en soi qui rivalisent avec le moi humain qu'on s'efforce de devenir. Ce sont le moi animal et le moi démoniaque. Le moi démoniaque est le pire des deux. C'est pourquoi une personne froide et très collet monté, même si elle est assidue aux cultes, peut être bien plus près de l'enfer qu'une prostituée. Mais il vaut mieux n'être ni l'un ni l'autre.

[1] Personnage des romans de Conan Doyle, type du détective amateur.

6

LE MARIAGE CHRÉTIEN

Le chapitre précédent était plutôt négatif. J'ai traité de ce qui cloche dans l'instinct sexuel chez l'homme, mais j'ai parlé très peu de sa bonne façon de fonctionner, c'est-à-dire du mariage chrétien. Deux raisons m'incitent à ne pas m'étendre trop longuement sur le mariage. La première est que les doctrines chrétiennes sur ce sujet sont extrêmement impopulaires. La seconde est que, n'ayant jamais été marié, je ne peux parler que par ouï-dire[1]. Je me rends néanmoins compte que je peux difficilement laisser le sujet de côté dans une étude de la morale chrétienne.

L'idée chrétienne du mariage se fonde sur les paroles du Christ qu'un homme et sa femme doivent être considérés comme un seul être. C'est le sens de l'expression « une seule chair ». Les chrétiens affirment que Jésus n'exprimait pas ici son sentiment mais qu'il énonçait un fait – comme on énoncerait le fait qu'une serrure et sa clé constituent un seul mécanisme, ou qu'un violon et son archet sont un seul instrument. L'inventeur de la machine humaine affirmait que ses deux moitiés, l'homme et la femme, étaient faites pour former des paires, pas simplement sur le plan sexuel, car il s'agit de s'unir totalement. En quoi les rapports sexuels hors du mariage sont-ils si terribles ? Dans le fait que ceux qui s'y complaisent tentent d'isoler un des aspects de l'union (l'aspect sexuel) de ceux prévus pour l'accompagner et constituer la véritable union totale. La position chrétienne n'est pas que le plaisir sexuel est répréhensible en soi, pas plus que le plaisir de manger. Il s'agit simplement de ne pas isoler ce plaisir pour

[1] Il s'est marié en 1956.

l'ériger en désir impératif et égocentrique, comme on essaierait de savourer un mets sans l'avaler ni le digérer, ou de mâcher la nourriture pour la recracher ensuite.

Selon le christianisme, le mariage lie deux êtres pour la vie. Il existe naturellement une différence entre les diverses confessions. Certains n'admettent pas le divorce, d'autres le permettent à contre-cœur dans des cas spécifiques. Il est regrettable que les chrétiens soient en désaccord sur un tel sujet ! Mais ce que tout laïc ordinaire doit savoir c'est que, contrairement à l'opinion répandue dans la société, les diverses confessions sont d'accord au sujet du mariage bien plus que sur toute autre question. Je m'explique. Toutes considèrent le divorce comme une vivisection, une espèce d'opération chirurgicale. Quelques unions d'églises estiment l'opération si violente qu'elle ne saurait être entreprise ; d'autres, dans des cas extrêmes, l'admettent comme un remède désespéré. Toutes cependant conviennent que le divorce ressemble davantage à l'amputation de deux jambes qu'à la dissolution d'une société anonyme ou la désertion même d'un corps d'armée. Toutes réprouvent le point de vue moderne qu'il s'agit d'un simple remaniement de partenaires, utile chaque fois que les époux n'éprouvent plus d'amour réciproque ou que l'un d'eux s'éprend d'une tierce personne.

Avant d'étudier ce point de vue moderne en rapport avec la chasteté, considérons-le en rapport avec une autre vertu, à savoir la justice. La justice, comme je l'ai dit plus haut, comprend le respect des promesses. Or quiconque s'est marié à l'église a fait une promesse publique et solennelle de rester à vie avec son partenaire. Le devoir de tenir cette promesse n'est pas spécialement lié à la morale sexuelle ; cette promesse a les mêmes prérogatives que toute autre promesse. Si, comme nos contemporains nous le répètent sans cesse, le désir sexuel est exactement comme tous les autres, il doit être traité de la même façon ; si l'assouvissement de nos désirs divers est contrôlé par nos promesses, le désir sexuel ne saurait y échapper. Si, comme je le pense, celui-ci ne ressemble pas aux autres désirs mais qu'il est enflammé de façon malsaine, alors nous devrions être particulièrement attentifs à ne pas lui permettre de nous entraîner dans une voie déloyale.

À ceci quelqu'un peut répondre qu'il considérait la promesse prononcée dans l'église comme une simple formalité, et qu'il n'a jamais eu l'intention de la tenir. Qui, alors, essayait-il de tromper quand il l'a faite : Dieu ? Ce serait ridicule. Lui-même ? Ce ne serait guère plus sage. L'épouse ou le garçon d'honneur ? Les beaux-parents ? Trahison. Le plus souvent, je pense, le couple (ou l'un des deux) espérait tromper son public. Chacun voulait la respectabilité attachée au mariage, sans avoir l'intention de payer le prix. En d'autres termes, ce sont des imposteurs. Ils trichent ! S'ils se satisfont de tricheries, je n'ai rien à leur dire. Qui exigerait la dure et haute obligation de chasteté de gens qui n'ont pas eu l'intention d'être plus honnêtes ? S'ils ont maintenant recouvré leurs esprits et désirent se racheter, la promesse déjà faite les contraint. Et ceci, voyez-vous, s'inscrit dans le contexte de la justice et non de la chasteté. Si des individus ne croient pas à l'indissolubilité du mariage, peut-être vaudrait-il mieux qu'ils vivent en concubinage plutôt que de prononcer des vœux qu'ils n'ont pas l'intention de respecter. Il est vrai qu'en vivant ensemble hors mariage, ils se rendent coupables (aux yeux des chrétiens) de fornication. Mais on ne répare pas une faute en y ajoutant le parjure.

L'idée qu'« être amoureux » est la seule raison de rester marié ne laisse aucune place au mariage en tant que contrat ou promesse. Si l'amour est tout ce qui compte, alors la promesse ne peut rien ajouter. Si elle n'ajoute rien, pourquoi donc la prononcer ? Chose curieuse les amoureux eux-mêmes, tant qu'ils sont toujours très amoureux, comprennent bien mieux ces choses que les encenseurs de l'amour. Ceux qui s'aiment ressentent l'inclination naturelle de se lier par des promesses. Les chants d'amour sont, dans le monde entier, des vœux d'éternelle fidélité. La loi chrétienne n'impose pas à la passion amoureuse quelque chose d'étranger à la nature propre de la passion ; elle exige des amoureux une réflexion sérieuse sur cet engagement, une réflexion que leur propre passion les pousse à formuler.

Naturellement, la promesse d'être fidèle faite quand et parce que je suis amoureux, m'engage à être fidèle même si je cesse d'être amoureux. Une promesse doit porter sur quelque chose que je peux faire ; elle a trait à des actes. Personne ne peut promettre que son sentiment va perdurer ; on pourrait aussi bien promettre de ne jamais avoir mal à la tête ou d'avoir toujours faim. Mais on peut se demander s'il est utile de maintenir deux personnes liées si elles ne sont plus amoureuses l'une de l'autre. C'est utile pour quelques solides raisons sociales : 1° fournir un foyer aux enfants, 2° protéger la femme (qui a peut-être sacrifié ou compromis sa carrière en se mariant), 3° lui éviter d'être rejetée chaque fois que l'homme est lassé d'elle. Mais il existe une autre raison que j'estime plus valable encore, bien qu'il me soit un peu difficile de l'expliquer.

Elle est difficile parce que tellement peu de gens comprennent que, lorsque B est meilleur que C, A peut être encore meilleur que B. Ils aiment penser en termes de bon ou mauvais, et non en termes de bon, meilleur ou le meilleur, mauvais, pire ou le pire. Prenons un exemple. Des gens aimeraient connaître votre opinion sur le patriotisme. Sans doute répondrez-vous que le patriotisme est bien meilleur que l'égoïsme individuel, mais moindre que la charité universelle à laquelle il devrait toujours céder le pas quand les deux s'affrontent. Cette réponse laisserait vos interlocuteurs insatisfaits tant ils vous trouveraient évasif. Ils vous demanderaient donc votre opinion sur le duel. Si vous répliquez qu'il est bien mieux de pardonner à un homme que de le provoquer en duel, mais qu'un duel pourrait être préférable à une inimitié de toute une vie jalonnée d'efforts secrets pour « abattre l'homme », alors vos interlocuteurs s'éloigneront, convaincus que vous ne voulez pas leur répondre franchement. J'espère que nul ne commettra cette erreur au sujet de ce que je vais exposer maintenant.

Ce que nous appelons « être amoureux » est un état radieux et, sous maints aspects, bénéfique. Il contribue à nous rendre généreux et courageux. Il nous aide à ouvrir les yeux non seulement sur la beauté de la bien-aimée, du bien-aimé, mais aussi sur toute autre beauté. Il subordonne même (surtout au début) notre sexualité essentiellement animale. Dans ce sens, ce type d'amour est le grand vainqueur du désir charnel. Toute personne sensée ne peut nier qu'être amoureux est bien meilleur que la sensualité partagée ou l'égocentrisme froid et calculateur. Mais comme je l'ai écrit, l'attitude la plus dangereuse qu'on puisse avoir est de suivre une pulsion spécifique et de l'ériger en désir à satisfaire à tout prix. Être amoureux est une bonne chose mais ce n'est pas la meilleure. Si bien des choses lui sont inférieures, beaucoup d'autres lui sont supérieures ! Vous ne pouvez faire du sentiment amoureux la base d'une existence entière. C'est un noble sentiment mais ce n'est qu'un sentiment. Or, on ne peut pas se fier à un sentiment pour qu'il garde sa pleine intensité ou qu'il résiste même au temps qui passe. La connaissance peut durer, les principes aussi, les habitudes également, mais les sentiments naissent et meurent. En fait, quoiqu'on en dise, « la condition amoureuse » ne dure généralement pas. Si l'habituelle conclusion des contes de fées « Ils furent heureux jusqu'à la fin de leurs jours » est interprétée comme « Pendant les cinquante ans qui suivirent, ils éprouvèrent exactement le même sentiment qu'à la veille de leur mariage », alors cette conclusion n'est pas vraie et ne le sera jamais, et même si elle l'était, ce ne serait absolument pas souhaitable. Qui pourrait supporter de vivre dans une telle tension, même pendant cinq ans ? Qu'adviendrait-il de son travail, son appétit, son sommeil ou ses amis ? Naturellement, cesser d'être amoureux n'implique pas cesser d'aimer. L'amour – distinct de l'état amoureux – n'est pas simplement un sentiment. C'est une unité profonde, maintenue par la volonté et délibérément fortifiée par l'habitude, renforcée (dans le mariage chrétien) par la grâce que les conjoints demandent à Dieu et qu'ils reçoivent. Ils sont capables de posséder cet amour mutuel même aux moments où ils ne se plaisent pas mutuellement – tout comme je m'aime moi-même alors même que je ne me plais pas. Ils sont capables de conserver cet amour même si l'un ou l'autre pouvait facilement, s'il se le permettait, tomber « amoureux » d'une tierce personne. « Être amoureux » les a tout d'abord conduits à se jurer fidélité et cet amour plus paisible leur permet de tenir leur promesse. C'est par cet amour que fonctionne le moteur du mariage. « Être amoureux » fut l'étincelle provoquant le démarrage.

Si vous n'êtes pas d'accord avec moi, vous direz naturellement : « Il n'y entend rien, il n'est pas marié. » Et peut-être aurez-vous raison. Mais avant d'avancer cet argument, soyez sûrs de me juger vraiment en connaissance de cause d'après votre expérience et en observant la vie de vos amis, et non d'après des idées provenant de romans et de films. Ce n'est pas aussi facile qu'on pourrait le croire. Notre expérience passe par le filtre, encore et encore, des livres que nous lisons, des pièces de théâtre et des films que nous regardons. Mettre le doigt sur les choses que notre vie personnelle nous a vraiment apprises requiert donc beaucoup de patience et d'habileté.

On puise dans les livres l'idée qu'en épousant la personne bien choisie, on peut s'attendre à rester « amoureux » à jamais. Mais quand les époux découvrent le contraire, ils en déduisent qu'ils se sont trompés et qu'ils ont le droit de changer de partenaire. Ils ne se rendent pas compte que lorsqu'ils auront effectué ce changement, l'enchantement s'éloignera de ce nouvel amour de la même façon qu'il avait déserté l'ancien. Dans ce domaine de la vie comme dans tout autre, les frémissements d'émotion du début ne durent pas. L'exaltation qu'un garçon ressent à sa première idée de piloter un avion ne persistera pas quand il aura rejoint une escadrille et affrontera les arcanes du pilotage. L'émerveillement que vous éprouvez en voyant pour la première fois un lieu splendide s'éteint quand vous êtes amené à y vivre. Mais cela signifie-t-il pour autant qu'il vaille mieux ne pas apprendre à piloter un avion et ne pas demeurer en un lieu merveilleux ?

En aucune façon. Dans les deux cas, si vous approfondissez le sujet, la disparition de la première exaltation sera compensée par un intérêt plus tranquille et plus durable. Qui plus est (je peux difficilement trouver les mots pour vous dire l'importance que j'y attache), c'est justement les personnes qui sont prêtes à se plier à la perte de l'exaltation et à s'installer dans un concept plus sobre, qui éprouveront probablement de nouveaux frissons d'intérêt dans un domaine tout à fait différent. L'homme qui est devenu un bon pilote, comprendra soudain la musique ; l'homme qui s'est établi dans le lieu merveilleux y découvrira les plaisirs du jardinage...

C'est, je le pense, un aspect de ce que le Christ affirmait en disant qu'une chose ne vivra pas réellement à moins qu'elle ne meure d'abord. En vérité il n'est pas bon d'essayer de nourrir une exaltation, c'est même le pire qu'on puisse faire. Laissez cette exaltation s'atténuer – laissez-la s'évanouir – traversez cette période de mort pour atteindre un centre d'intérêt plus calme et un nouveau bonheur. Vous découvrirez alors que vous vivez dans un monde de nouveaux tressaillements. Mais si vous décidez de faire des exaltations votre régime quotidien en essayant de les prolonger artificiellement, elles deviendront de plus en plus faibles, de moins en moins nombreuses. Pour le reste de vos jours, vous serez un vieil homme désabusé. C'est parce que si peu de gens le comprennent que vous voyez tant d'hommes et de femmes d'âge mûr se lamenter sur leur jeunesse perdue, alors même que de nouveaux horizons apparaissent et que de nouvelles portes s'ouvrent. Il est bien plus amusant d'apprendre à nager que de s'efforcer inlassablement (et sans espoir) de retrouver le sentiment éprouvé quand, pour la première fois, le petit garçon que vous étiez a pagayé dans un canot.

Une autre notion que nous tenons des romans et du théâtre est que « devenir amoureux » est un fait irrésistible qui vous assaille comme la rougeole. C'est pourquoi certains conjoints « jettent l'éponge » quand ils sont attirés par une nouvelle personne. Mais je suis enclin à croire que ces passions irrésistibles sont bien plus rares dans la vie que dans les livres. Quand nous rencontrons une personne belle, intelligente et sympathique nous devrions, bien sûr, admirer et aimer ses qualités. Mais n'est-ce pas l'apanage de notre choix que cette attirance se change ou non en ce que nous appelons « tomber amoureux » ? Sans nul doute, si notre esprit est plein de romans, de chansons ou de films sentimentaux, et notre corps imbibé d'alcool, nous transformerons tout sentiment en cette sorte d'amour. De la même façon, une ornière sur un sentier canalisera toute l'eau de ruissellement. Si vous portez des lunettes bleues, tout ce que vous verrez sera bleu, par votre propre faute.

Avant de quitter la question du divorce, j'aimerais établir la distinction entre deux notions trop souvent confondues. La conception chrétienne du mariage en est une, l'autre est tout à fait autre : jusqu'à quel point les chrétiens, qu'ils soient électeurs ou représentants du peuple, doivent-ils imposer leur vue du mariage à leurs concitoyens en la codifiant par des lois relatives au divorce ? Bon nombre de personnes pensent que, si l'on est chrétien, on doit essayer de rendre le divorce difficile pour tous. Je ne suis pas de cet avis. Tout comme il serait mal venu que les Mahométans empêchent le reste de l'humanité de boire du vin, les églises devraient franchement reconnaître que la majorité des Français ne sont pas chrétiens et qu'on ne saurait donc attendre d'eux qu'ils mènent une vie chrétienne. Il doit y avoir deux types distincts de mariages : ceux régis par l'État avec des règles appliquées à tous les citoyens ; et ceux régis par l'Église avec des règles appliquées à ses membres. La distinction devrait être très nette, de sorte qu'on sache quels couples sont unis religieusement et lesquels ne le sont pas.

J'en ai terminé avec la doctrine chrétienne concernant l'indissolubilité du mariage chrétien.

Il nous reste à traiter un point encore plus impopulaire. Les épouses chrétiennes promettent obéissance à leur mari. Dans le mariage chrétien, l'homme, dit-on, est le « chef » de famille. Il est évident que deux questions se posent aussitôt : 1° Pourquoi devrait-il y avoir un chef – pourquoi pas l'égalité ? 2° Pourquoi l'homme serait-il le chef ?

1° La nécessité d'un chef découle de l'idée que le mariage est permanent. Aussi longtemps que mari et femme s'entendent, il est inutile d'évoquer la nécessité d'un chef. Mais lorsque surgit un désaccord profond, la question se pose. Que feraient des époux qui, malgré plusieurs discussions, n'arrivaient pas à s'accorder ? Un vote à la majorité ne déciderait rien, faute de votants. Ils ont le choix entre deux solutions : soit ils se séparent pour suivre chacun sa propre voie, soit l'un doit avoir sur l'autre un vote prépondérant. Si le mariage est permanent, l'une ou l'autre des parties doit, en dernier ressort, détenir le pouvoir de décider de la politique familiale. Il ne peut exister une association permanente sans constitution.

2° S'il doit y avoir un chef, pourquoi l'homme le serait-il ? Eh bien, tout d'abord, souhaite-t-on sérieusement que ce soit la femme ? Pour autant que je le constate, même une femme qui veut être le chef de son foyer n'admire généralement guère cette situation lorsqu'elle la découvre chez ses voisins. Très probablement, elle s'écriera aussitôt : « Pauvre Monsieur X ! Ça me dépasse qu'il ait pu permettre à cette effarante bonne femme de le mener par le bout du nez ! » Je ne pense pas qu'elle serait flattée si on disait d'elle qu'elle « porte le pantalon » dans le ménage. Sans doute y a-t-il quelque chose d'anormal concernant la règle de prédominance de la femme sur le mari, puisque les femmes elles-mêmes en sont quelque peu honteuses et méprisent les maris qu'elles gouvernent. Mais il existe une autre raison et j'en parlerai très franchement en tant que célibataire, car on la discerne mieux de l'extérieur que de l'intérieur. Les relations de la famille au monde extérieur – ce que nous pourrions appeler sa politique étrangère – doivent dépendre en dernier ressort de l'homme parce qu'il devrait toujours être (et il l'est en général), beaucoup plus juste à l'égard des gens du dehors. Une femme, instinctivement, défend ses enfants et son mari contre le reste du monde.

Naturellement – et à juste titre pourrait-on presque dire – leurs droits l'emportent, pour elle sur tous les autres droits. Elle est dépositaire de leurs intérêts. Le rôle du mari est de veiller à ce que cette préférence pour les siens ne domine pas exclusivement. Il a le dernier mot afin de protéger autrui de l'intense patriotisme familial de sa femme. Si quelqu'un en doute, permettez-moi de poser simplement une question : Si votre chien a mordu l'enfant des voisins, ou si votre enfant a blessé le chien d'à côté, à qui voudriez-vous avoir affaire ? Au maître de maison ou à sa femme ? Et si vous êtes une femme mariée, puis-je vous poser cette question : Malgré toute l'admiration que vous portez à votre mari, ne direz-vous pas que son principal défaut est de ne pas défendre vos droits et les siens contre les voisins, aussi vigoureusement que vous le souhaiteriez ? Le mari, en général, est un conciliateur.

7

LE PARDON

Dans un chapitre précédent, j'ai affirmé que la chasteté était la plus impopulaire des vertus chrétiennes. Mais je ne suis pas sûr d'avoir eu raison, car une autre est plus décriée encore. Elle est prescrite dans le commandement : « Tu aimeras ton prochain comme toi-même. » Étant donné que, dans la morale chrétienne, « le prochain » s'applique aussi à nos ennemis, nous avons le terrible devoir de leur pardonner ! Chacun reconnaît que l'idée du pardon est merveilleuse jusqu'au jour où on a quelque chose à pardonner, comme ce fut le cas pendant la guerre. Il suffisait de mentionner le sujet pour qu'il soit accueilli avec colère. Est-ce parce que les gens estiment cette vertu trop élevée ou trop difficile ? Non, c'est parce qu'ils la trouvent haïssable et méprisable. Ils ajoutent même que de tels propos les rendent malades. Que ressentirais-je, en effet, si j'étais Polonais ou Juif et qu'on me suggérait de pardonner à la Gestapo !

C'est bien ce que je me demande. De même, quand le christianisme m'enjoint de ne pas abjurer ma foi, même pour échapper à la mort sous la torture, je me demande vraiment ce que je devrais faire en pareille circonstance. Il ne s'agit pas ici de vous dire ce que je pourrais faire – très peu sans doute – mais ce qu'est le christianisme. Je ne l'ai pas inventé. Nous trouvons au cœur de cette foi : « Pardonne-nous nos offenses comme nous pardonnons aussi à ceux qui nous ont offensés. » Pas la moindre possibilité ne nous est suggérée d'être pardonnés autrement qu'en pardonnant. Manifestement, si nous ne pardonnons pas, nous ne serons pas pardonnés. Il n'y a pas d'alternative. Que devons-nous faire ?

Ce sera difficile, sans nul doute, mais je suggère deux attitudes possibles pour faciliter le pardon. Ce n'est pas par des calculs différentiels que nous débutons en mathématiques, mais plutôt par de simples additions. De même si nous voulons réellement (il s'agit de vouloir vraiment) apprendre à pardonner, peut-être vaudrait-il mieux ne pas commencer par la Gestapo. Pardonnons d'abord au conjoint, aux parents, aux enfants ou aux collègues, pour leurs actes ou leurs paroles de la semaine écoulée. Ce serait déjà suffisant pour le moment. Nous pourrions essayer ensuite de comprendre exactement ce que signifie aimer son prochain comme soi-même. Je dois l'aimer comme je m'aime, moi. Eh bien, comment se manifeste l'amour que j'ai pour moi ?

Maintenant que j'y réfléchis, je n'éprouve pas exactement de l'attirance ou de l'affection pour moi-même, et je constate que je ne jouis pas toujours de ma propre compagnie. « Aimer son prochain » ne signifie apparemment pas « éprouver de l'affection pour lui » ou « le trouver attirant ». J'aurais déjà dû m'en apercevoir car, évidemment, on ne peut pas éprouver de l'affection pour autrui par ses propres efforts. Ai-je une bonne opinion de moi, estimant que je suis un chic type ? J'ai grand-peur de le penser parfois (ce sont mes pires moments), mais ce n'est pas la raison pour laquelle je m'aime moi-même. Il faut plutôt prendre les choses dans le sens inverse. C'est parce que je m'aime, que je pense être un type bien, mais le penser n'est pas la raison de cet amour pour moi-même. Ainsi, aimer mes ennemis ne voudrait pas dire que je les trouve gentils. Voilà un immense soulagement, car beaucoup s'imaginent que pardonner aux ennemis signifie se persuader qu'ils ne sont pas si mauvais finalement, alors qu'il est évident qu'ils le sont ! Franchissons un pas de plus. Dans mes moments de plus claire lucidité, j'estime non seulement que je ne suis pas un excellent individu, mais que je suis fort désagréable. Je me remémore avec horreur et dégoût certains actes que j'ai accomplis. Ainsi me serait-il permis d'exécrer des actes accomplis par mes ennemis. Maintenant que j'y réfléchis, je me souviens d'enseignants chrétiens qui m'ont expliqué que je devais haïr les mauvaises actions d'un homme, mais non l'individu lui-même ; haïr le péché mais pas le pécheur...

Fort longtemps, j'ai pensé que c'était là un distinguo stupide qui coupait les cheveux en quatre. Comment peut-on haïr ce qu'un homme fait sans haïr l'individu ? Or, bien des années plus tard, il m'est venu à l'esprit qu'il y a un homme que j'ai toujours traité ainsi, c'est moi-même. Quel qu'ait pu être le dégoût de ma lâcheté, de mon orgueil ou de ma cupidité, j'ai toujours continué à m'aimer sans la moindre difficulté. D'ailleurs, la raison même de ma haine pour certains de mes actes était justement que j'aimais l'homme. Parce que je m'aimais, j'étais fâché de découvrir en moi ces défauts. Le christianisme ne désire donc pas que nous réduisions d'un atome la haine que nous éprouvons pour la cruauté et la perfidie. C'est un devoir de les haïr. Il n'y a pas un mot à supprimer de ce que nous avons dit à leur sujet. Mais il convient aussi de les haïr de la même manière que nous détestons nos propres mauvaises actions : être attristé des multiples fautes de notre prochain mais croire toujours que, d'une façon ou d'une autre, il en sera guéri et redeviendra plus humain.

Voici le vrai test de l'amour. Supposons qu'un article de journal relatant d'odieuses atrocités nous tombe sous les yeux, mais que la réalité se révèle moins révoltante que ne le dit le journaliste. Quelle sera notre première réaction ? « Merci Seigneur, ils ne sont pas aussi mauvais que ça ! » ou bien sommes-nous déçus, et même déterminés à nous en tenir au premier récit rien que pour le plaisir de penser qu'ils sont mauvais au plus haut point ? Cette attitude serait, je le crains, le premier pas d'une démarche qui, poussée à l'extrême, ferait de nous des démons. Voyez-vous, on commencerait à souhaiter que le noir soit encore plus noir... Puis, si on laissait ce souhait s'installer, on en viendrait à désirer que le gris soit noir et enfin que le blanc soit noir ! Nous insisterions, en fin de compte, pour tout voir à travers des lunettes noires – Dieu, nos amis, nous-même – sans pouvoir nous en empêcher. Nous serions définitivement enfoncés dans un univers de pure haine.

Passons à l'étape suivante. Aimer notre ennemi signifie-t-il ne pas le punir ? Non, car m'aimer moi-même n'implique pas ne pas me soumettre à quelque punition, à la mort même. Si vous aviez commis un meurtre, le comportement chrétien serait de vous livrer à la police, et être le cas échéant exécuté[1]. À mon avis il est donc parfaitement juste, pour un procureur chrétien, de requérir la peine de mort ou, pour un soldat chrétien, de tuer un ennemi. J'ai toujours pensé ainsi, même depuis que je suis chrétien et bien avant la guerre. Mon opinion reste la même en période de paix. Il ne sert à rien de rétorquer en citant : « Tu ne tueras point. » Il y a deux verbes en grec : le mot ordinaire *tuer* et le terme *assassiner*. Or, quand le Christ cite ce commandement, il utilise le mot assassiner, dans les trois versions de Matthieu, Marc et Luc. On m'affirme qu'on retrouve la même distinction dans l'hébreu. Tout acte de tuer n'est pas un meurtre, pas plus que tout rapport sexuel n'est un adultère. Quand les soldats sont venus demander conseil à Jean-Baptiste, il n'a jamais suggéré qu'ils démissionnent de l'armée. Le Christ n'en a pas dit davantage lorsqu'il a rencontré le centurion romain. L'idée du chevalier – le chrétien en armes pour la défense d'une juste cause – est l'une des grandes idées chrétiennes. La guerre est une chose horrible et je respecte un pacifiste sincère, bien que je ne partage pas son opinion. Ce que je ne comprends pas, c'est cette sorte de semi-pacifisme fleurissant de nos jours qui donne aux gens l'idée que, même lorsque la lutte est justifiée, on ne doit s'y résoudre qu'avec un visage de carême, comme si on en avait honte. Ce sentiment prive quantité de jeunes chrétiens aux armées d'un droit fondamental qui accompagne tout naturellement le courage : le droit à une sorte de gaieté, à agir sans réserve.

Que serait-il advenu si, pendant la première guerre mondiale, moi-même et quelque jeune Allemand nous nous étions tués simultanément et retrouvés après notre mort ? Je ne peux pas

[1] L'ouvrage a été rédigé avant que la peine de mort soit abolie en France.

m'imaginer que l'un ou l'autre aurait éprouvé du ressentiment ou une gêne quelconque. Peut-être en aurions-nous été amusés.

Quelqu'un me répliquera : « Eh bien, si l'on a le droit de condamner les actes de l'ennemi, le punir ou le tuer, quelle différence y a-t-il entre la morale chrétienne et le point de vue habituel ? » Une différence incommensurable ! Rappelez-vous que nous, chrétiens, pensons que l'homme vit éternellement. Ce qui compte donc vraiment, ce sont ces petites empreintes, ces marques, au plus profond de notre âme, qui la changent à la longue en une créature céleste ou diabolique. Nous pouvons tuer, si nécessaire, mais sans haïr ni jubiler de haine ; comme nous pouvons châtier sans y trouver du plaisir... En d'autres termes, ce sont les sentiments de rancune et de vengeance qui doivent être tués en nous. Sans prétendre qu'ils puissent être extirpés à l'instant même, il faut adopter à leur encontre une démarche particulière. Chaque fois qu'une telle tentation montre le bout du nez, jour après jour, année après année, toute notre vie, il faut la combattre. C'est une tâche difficile mais la tenter n'a rien d'impossible. Même quand nous châtions et tuons, essayons d'éprouver pour l'ennemi les sentiments que nous éprouvons pour nous-mêmes – souhaiter qu'il ne soit pas mauvais, espérer qu'il soit guéri, dans ce monde ou dans l'autre, en un mot, vouloir son bien. C'est là ce qu'entend la Bible par « aimer son ennemi ». Lui souhaiter du bien et non pas éprouver un semblant d'affection ni prétendre qu'il est sympathique alors qu'il ne l'est pas !...

Ceci implique, je l'admets, d'aimer les gens qui n'ont rien d'aimable. Mais a-t-on soi-même quelque chose d'aimable ? On s'aime précisément parce qu'il s'agit de « soi-même ». Or, Dieu désire que nous aimions tous les autres « eux-mêmes » pour la même raison et de la même façon. Il nous a donné notre propre expérience par rapport à nous-mêmes comme exemple à suivre. Appliquons donc cette règle aux autres. La tâche sera plus facile si nous nous rappelons que c'est ainsi que Dieu nous aime : non en raison de certaines belles qualités que nous pensons posséder, mais parce que nous sommes ce qu'on appelle « nous-mêmes ». Car il n'y a en fait rien d'autre à aimer en nous, nous qui nous complaisons tant dans la haine qu'y renoncer serait comme renoncer au plaisir de fumer ou de boire...

8

LE GRAND PÉCHÉ

Abordons maintenant un aspect de la morale chrétienne qui diffère nettement des autres. Il est un vice dont aucun homme au monde n'est exempt et que tous les gens détestent quand ils le voient chez les autres. Ils admettent facilement être désagréables, coureurs de jupons, buveurs ou même froussards, mais bien peu, sauf parmi les chrétiens, s'accusent d'un tel vice et bien peu se montrent indulgents en découvrant chez autrui ce vice qu'ils détestent. Il n'existe pas de faute qui rende un individu aussi impopulaire et dont il soit aussi inconscient. Plus nous avons ce vice, plus il nous déplaît chez les autres. Mais quel est-il ?

Ce vice, c'est l'orgueil ou la suffisance, dont la vertu opposée, selon la morale chrétienne, est l'humilité. Comme je l'ai déjà dit, le cœur de la morale chrétienne ne réside pas dans la morale sexuelle. Et nous voici parvenus au cœur de la morale. D'après les théologiens, le vice essentiel, le mal suprême c'est l'orgueil. Impudicité, colère, avidité, ivrognerie et tout le reste, ne sont en comparaison que morsures de puce. C'est l'orgueil qui fraie la voie à tous les vices et qui a transformé le diable en ce qu'il est. L'orgueil est un état d'esprit absolument anti-Dieu.

Croyez-vous que j'exagère ? Si oui, réfléchissez. Au premier paragraphe de ce chapitre, j'ai signalé que plus on est orgueilleux, plus on déteste ce vice chez les autres. Si vous voulez savoir dans quelle mesure vous êtes orgueilleux, le mieux est de vous demander : « À quel point est-ce que j'exècre l'orgueil si un snob m'inflige un affront, si l'on refuse de me porter la moindre attention, si l'on m'interrompt quand je parle, si l'on me traite avec condescendance ou qu'on se vante ? »

Le problème, c'est que l'orgueil de chacun est en compétition avec celui d'autrui. Je voulais être le clou de la soirée et me voilà terriblement vexé qu'un autre le soit. Deux moineaux sur un même épi ne sont pas longtemps amis. Ce qui doit être très clair pour nous c'est que l'orgueil a, par essence, un esprit de compétition, alors que les autres vices ne font concurrence à quoi que ce soit que par accident. L'orgueilleux n'éprouve aucun plaisir à posséder mais plutôt à avoir plus que le voisin. Nous constatons que si les gens sont fiers d'être riches, intelligents ou beaux, c'est toujours par rapport aux autres. Si chacun recevait à part égale richesse, intelligence ou beauté, il n'y aurait plus aucun motif d'orgueil. C'est la comparaison qui rend orgueilleux, le plaisir d'être au-dessus des autres. Dès que l'élément de compétition disparaît, l'orgueil s'enfuit. C'est pourquoi l'orgueil a nécessairement un esprit de compétition alors que les autres vices ne l'ont pas. L'instinct sexuel peut conduire deux hommes à se concurrencer s'ils désirent la même fille, mais c'est par hasard. Ils auraient pu tout autant fréquenter deux jeunes filles différentes. Un orgueilleux essaiera de vous rafler la fille que vous courtisez, non parce qu'il la désire, mais pour se prouver qu'il vous dépasse. L'avidité peut mettre des hommes en compétition s'ils ont des besoins à combler mais l'orgueilleux, même s'il a bien plus que ce dont il rêve, essaiera d'amasser encore davantage, simplement pour affirmer sa puissance. Presque tous les maux dans le monde, attribués à l'avidité ou à l'égoïsme, sont en réalité et de loin, les fruits de l'orgueil.

Passons au domaine de l'argent. L'avidité conduit un individu à vouloir de l'argent pour acquérir une plus belle demeure, de meilleures vacances, une nourriture et des boissons de choix... Mais jusqu'à un certain point seulement. Quel mobile incite un homme disposant d'un revenu de 100 000 euros à en vouloir 150 000 par an ? C'est l'orgueil et non la convoitise puisque son revenu actuel lui permet tous les luxes dont un homme peut jouir ; c'est le désir d'être plus riche qu'un autre individu fortuné, et (plus encore) le désir de puissance ! La puissance n'est-elle pas ce dont l'orgueilleux jouit le plus ? Rien ne procure autant l'ivresse de la supériorité que de pouvoir manœuvrer les autres comme des soldats de plomb. Pourquoi une jolie fille répand-elle la souffrance, où qu'elle aille, en collectionnant les soupirants ? Ce n'est certainement pas à cause de son « sex-appeal » – ce genre de fille est sans doute frigide – mais bien plutôt de son orgueil. Qu'est-ce qui incite un chef politique ou une nation à s'entêter pour exiger encore plus ? Encore l'orgueil. L'orgueil est en lui-même une compétition ; il va donc toujours plus loin. Si je suis un orgueilleux, aussi longtemps qu'il y aura sur cette terre un homme plus puissant, plus riche ou plus intelligent que moi, il sera mon rival et mon ennemi...

Les chrétiens ont raison : l'orgueil a été de tout temps la principale cause de détresse, dans une nation ou une famille. D'autres vices peuvent rapprocher des individus. On peut trouver une bonne camaraderie, des plaisanteries et de l'amitié parmi les ivrognes ou les débauchés. Mais l'orgueil implique toujours l'inimitié. Il *est* inimitié. Non seulement inimitié entre les hommes, mais aussi envers Dieu.

En Dieu, nous nous heurtons à ce qui, à tous égards, nous est incommensurablement supérieur. Si nous ne reconnaissons pas Dieu sous cet aspect – conscient que nous ne sommes rien en comparaison de lui – il nous reste inconnu. Aussi longtemps que nous persistons dans notre orgueil, nous ne pouvons pas connaître Dieu. Un orgueilleux regarde toujours de haut les choses et les êtres. Et bien entendu, aussi longtemps qu'on regarde de haut, et donc vers le bas, on ne peut voir ce qui est au-dessus de nous.

Ceci soulève une terrible question. Comment se fait-il que des gens manifestement dévorés d'orgueil puissent affirmer leur foi en Dieu et s'estimer croyants ? Je crains fort que cela veuille dire qu'ils adorent un Dieu imaginaire. Théoriquement ils admettent n'être rien en présence de ce Dieu fantôme, mais en réalité ils se figurent sans cesse que ce Dieu les approuve et les estime bien supérieurs aux autres. Autrement dit, ils lui offrent cinq centimes d'humilité imaginaire et en retirent dix francs d'orgueil devant leurs semblables. Jésus les visait peut-être quand il annonça que certains prêcheraient et chasseraient les démons en son nom, mais qu'à la fin du monde, le Christ leur dirait qu'il ne les a jamais connus. N'importe qui peut à tout moment se trouver dans ce coupe-gorge. Heureusement, nous pouvons nous soumettre au test suivant. Chaque fois que nous avons l'impression que notre comportement chrétien nous donne le sentiment que nous sommes bons – et surtout meilleurs qu'un autre – nous pouvons être sûrs que nous sommes en réalité mus par des mains diaboliques et non divines. Le véritable critère de notre communion avec Dieu est, soit l'oubli de soi, soit le sentiment d'être misérable et souillé. Mais, à choisir, mieux vaut s'oublier soi-même.

N'est-il pas effrayant que le pire de tous les vices, l'orgueil, puisse s'immiscer au cœur même de notre vie chrétienne ? On devine pourquoi. Les autres vices, moins mauvais, viennent de l'action du diable sur notre nature animale. Mais en ce qui concerne l'orgueil, notre nature animale n'y est pour rien. Il vient directement de l'Enfer. Il est d'ordre spirituel. Il est donc plus subtil et plus meurtrier. Pour la même raison, l'orgueil peut souvent être utilisé pour contrecarrer des vices plus simples. Les enseignants font souvent appel à l'orgueil d'un enfant, ou à son amour-propre comme ils disent, pour qu'il se conduise convenablement. Beaucoup d'individus ont vaincu leur couardise, leur concupiscence ou leur mauvaise humeur en se persuadant que leurs défauts n'étaient pas dignes d'eux. Donc par orgueil. Le diable en rit. Il se réjouit de nous voir devenir chastes, courageux, maîtres de nous, car c'est par ce biais qu'il va nous installer dans la dictature de l'orgueil. Il se réjouirait tout autant de nous voir guéris de nos engelures s'il pouvait, en retour, nous inoculer le cancer. Car l'orgueil est un cancer spirituel ; il dévore la possibilité même d'amour, de contentement ou même de bon sens.

Avant de clore ce sujet, je dois vous mettre en garde contre d'éventuels malentendus :

1° La satisfaction éprouvée à recevoir des éloges n'est pas de l'orgueil. L'enfant qu'on tapote affectueusement pour avoir bien appris sa leçon, la femme dont le soupirant vante la beauté, l'âme rachetée à qui le Christ déclare « C'est bien », sont heureux et ont raison de l'être. En effet, dans ce cas, la satisfaction réside dans le fait qu'on a fait, à juste titre, plaisir à quelqu'un selon notre intention. Le mal commence quand, à notre réaction naturelle de penser « Je lui ai plu, tant mieux », s'ajoute « Quel type formidable je suis pour avoir suscité une telle admiration ! » Plus nous nous réjouissons de notre valeur, moins nous prenons goût à l'éloge elle-même, et pire nous devenons. Ne prendre plaisir qu'en soi, n'être plus sensible à l'éloge, c'est atteindre le fond de l'abîme. C'est pourquoi la vanité, bien qu'elle soit le type d'orgueil le plus visible, est vraiment le moins mauvais et le plus pardonnable. Un vaniteux éprouve un besoin croissant d'éloges, d'applaudissements, d'admiration. Il est toujours en train de les chercher. C'est une faute, mais une faute enfantine et bénigne. Elle prouve qu'il ne se contente pas de sa propre admiration. Il attache suffisamment de valeur aux autres pour désirer leur regard sur lui. Il est donc encore humain. Le véritable orgueil, noir, diabolique, surgit quand on regarde les autres de si haut qu'on ne se soucie plus de leur opinion. Il est juste – et c'est souvent notre devoir – de ne pas porter attention à ce que les autres pensent de nous, si nous le faisons pour la bonne raison : parce que l'opinion de Dieu nous est bien plus précieuse. Mais l'orgueilleux a une raison différente de faire fi des appréciations d'autrui. Il se dit : « Pourquoi prêterais-je attention aux applaudissements de ce vaurien ? Son opinion est sans valeur. Et quand bien même elle en aurait, suis-je le type d'homme à rougir de plaisir devant un compliment comme une jeune fille timide ? Non, je suis une personne mature, adulte. Tout ce que j'ai fait, c'était pour satisfaire mes idéaux, ma conscience artistique ou les traditions de ma famille ; ou bien, en un mot, parce que je suis un type formidable. Si ces gens-là aiment les compliments, ça les regarde.

Pour moi, ils ne comptent pas ! » C'est ainsi que l'orgueil contrecarre la vanité car, comme je l'ai dit, Satan aime « guérir » un petit défaut en nous affligeant d'un plus grand. Nous devons donc essayer de bannir la vanité, mais sans jamais faire appel à notre orgueil.

2° Nous disons qu'un homme est « fier » de son fils, ou de son père, de son école, de son régiment... Dans ce sens, l'orgueil est-il un péché ? Tout dépend, d'après moi, du sens exact que nous donnons à l'expression « fier de ». Très souvent, dans de telles phrases, la formule « être fier de » signifie « éprouver une chaude admiration pour... » Cette admiration est, bien entendu, loin d'être un péché. Pourtant elle peut conduire un individu à faire l'important, du fait des grandes qualités de son père ou de son appartenance à un régiment d'élite... C'est un défaut, toutefois plus acceptable qu'être fier de soi. Aimer et admirer quoi que ce soit, en dehors de soi, c'est s'éloigner d'un pas d'une totale ruine spirituelle. Mais nous n'irons jamais bien, aussi longtemps que nous l'aimons et l'admirons plus que Dieu.

3° Ne croyons pas que Dieu interdise l'orgueil parce qu'il en serait offensé, ou qu'il requière l'humilité en tant qu'hommage qui lui serait dû, comme si Dieu lui-même était fier ! Il ne s'inquiète nullement de sa dignité. Il veut seulement que nous le connaissions. Il veut se donner à nous. Or, la nature de son être et la nôtre sont telles que c'est en l'approchant vraiment, d'une façon ou d'une autre, que nous serons réellement humbles. Nous éprouverons alors le soulagement infini de nous être débarrassés, une fois pour toutes, de ce stupide fatras concernant notre dignité, qui nous a rendus si inquiets et malheureux toute notre vie. Pauvres idiots que nous sommes ! Dieu essaie de nous rendre humbles pour hâter le moment où nous enlèverons notre déguisement de paon ridicule et laid. Je voudrais tant être allé moi-même plus loin dans la voie de l'humilité ! Je pourrais alors vous en dire plus sur le soulagement, le bien-être que l'on ressent lorsqu'on ôte son joli déguisement. Quel soulagement de se libérer de ce faux soi-même, de ces « Regardez-moi bien » et ces « Ne suis-je pas un chic type ? », avec cette tendance à se donner des airs. Connaître tant soit peu l'humilité, ne serait-ce qu'un moment, c'est comme prendre une gorgée d'eau fraîche en plein désert.

4° Si vous rencontrez un individu vraiment humble, n'imaginez pas qu'il sera fait de cette humilité onctueuse, douceureuse, qui répète sans cesse qu'elle n'est rien du tout. Il vous apparaîtra probablement jovial, intelligent, prenant un plaisir réel à ce que vous lui racontez. Si vous ne l'aimez vraiment pas, c'est que vous serez un peu envieux de ce qu'il jouisse aussi facilement de la vie. Il ne songe pas à son humilité. Il ne songe pas le moins du monde à lui-même.

Par ailleurs, si quelqu'un désire acquérir l'humilité, je crois être en mesure de lui indiquer le premier pas : prendre conscience qu'il est orgueilleux ! Et c'est un grand pas, s'il en est. Du moins, rien ne pourra jamais s'accomplir avant qu'il soit fait. Car s'imaginer ne pas être prétentieux, c'est l'être !

9

LA CHARITÉ

J'ai dit, dans un chapitre précédent, qu'il y avait quatre vertus « cardinales » et trois « théologales ». Les trois théologales sont la foi, l'espérance et la charité. La foi sera traitée dans les deux derniers chapitres. La charité, elle, a seulement été traitée au chapitre sept, sous l'aspect du pardon. Je désire ajouter quelques précisions.

Tout d'abord, concernant le sens du mot. « Charité » désigne actuellement ce qu'on appelait autrefois « l'aumône » ou les dons aux pauvres. Il revêtait à l'origine un sens bien plus large. (Voyons comment il a changé de sens : si un homme est charitable, donner aux pauvres est l'un des actes les plus visibles qu'il puisse faire. Ainsi on en est venu à considérer que la charité consistait essentiellement en ce geste. De même, la « rime » est la caractéristique la plus évidente de la poésie, de sorte qu'on s'est mis à désigner par poésie rien de plus qu'un texte rimé.) La charité c'est l'amour au sens chrétien du terme. Mais l'amour, au sens chrétien du terme, n'est pas une émotion. Ce n'est pas une question de sentiment mais de volonté, une disposition que nous avons naturellement à l'égard de nous-mêmes mais que nous devons apprendre à avoir pour autrui.

J'ai souligné, dans le chapitre sur le pardon, que notre amour pour nous-mêmes ne veut pas dire qu'on s'aime bien, qu'on s'apprécie, mais qu'on souhaite notre propre bien. De même, l'amour chrétien (ou la charité) pour notre prochain ne consiste pas à avoir de l'amitié ou de l'affection pour lui. Nous aimons bien certaines personnes et pas d'autres. Il est important de comprendre que cette affection naturelle n'est ni un péché ni une vertu, pas plus que notre goût et notre dégoût pour tel plat ne le sont. C'est simplement un fait. Mais bien sûr, ce que nous faisons de ce sentiment peut être répréhensible ou vertueux.

L'affection naturelle envers les gens nous permet d'être plus facilement « charitables » à leur égard. C'est donc en principe un devoir d'encourager nos affections, d'apprécier les gens autant que possible – comme c'est notre devoir d'encourager notre attrait pour l'exercice physique ou la nourriture saine – non parce que cette affection est elle-même la charité, mais parce qu'elle est une aide pour l'atteindre. Par ailleurs, il est également nécessaire de veiller à ce que notre affection pour une personne ne nous rende pas moins charitables, voire injustes, à l'égard d'une autre personne. Il y a même des cas où notre affection entre en conflit avec notre charité à l'égard de la personne qu'on aime bien. Ainsi une mère qui adore son enfant peut être tentée, par affection naturelle, de le « gâter » et d'exagérer ses pulsions d'affection aux dépens du futur bonheur de l'enfant.

Il convient donc d'encourager les affections naturelles, mais ce n'est pas en essayant de fabriquer des sentiments d'affection que nous deviendrons plus charitables. Certaines personnes sont « froides » par tempérament. C'est peut-être malheureux pour elles, mais ce n'est pas plus un péché que d'avoir une mauvaise digestion. Cela ne les prive pas de la possibilité, ou ne les dispense pas du devoir d'apprendre la charité. La règle à respecter toujours est très simple : ne vous tracassez pas de savoir si vous « aimez » votre prochain, mais agissez comme si vous l'aimiez. Dès la mise en pratique de ce principe, vous découvrirez un grand secret. Lorsque vous vous conduisez comme si vous aimiez une personne, vous en arriverez bientôt à l'aimer. De même, si vous blessez quelqu'un qui vous déplaît, vous en arriverez bientôt à le détester encore plus. Rendez-lui un service, vous le détesterez moins ! Il y a cependant une exception. Si vous lui êtes agréable, non pour plaire à Dieu et obéir à la loi de la charité, mais pour lui montrer combien vous avez le pardon facile et pour en faire votre débiteur – et en plus si vous comptez sur sa « reconnaissance » – alors vous serez déçu. Les gens ne sont pas fous. Ils repèrent vite ce qui est du tape-à-l'œil et du paternalisme. Au contraire, chaque fois que nous faisons du bien à notre prochain, simplement parce qu'il est un être créé comme nous par Dieu, et que nous désirons son bonheur comme nous désirons le nôtre, nous apprenons à l'aimer un peu plus ou à moins le détester.

Par conséquent, bien que la charité chrétienne paraisse un comportement très froid aux gens sentimentaux et qu'elle soit tout à fait distincte de l'affection, elle en ouvre cependant la voie. La différence entre un chrétien et un incroyant n'est pas que ce dernier a seulement des « affections » et le chrétien de la « charité ». L'incroyant traite aimablement certaines personnes parce qu'il les aime bien, qu'il les apprécie. Le chrétien, en s'efforçant d'être aimable avec tous, en arrive à apprécier plus de gens tout au long de sa vie, y compris ceux qu'il n'aurait jamais cru pouvoir apprécier.

La même loi spirituelle agit de façon terrible en sens inverse. Les Allemands ont peut-être maltraité les Juifs d'abord par pure haine, mais ensuite ils les ont haïs bien davantage parce qu'ils les avaient maltraités. Plus vous êtes cruel, plus vous haïssez ; plus vous haïssez, plus cruel vous devenez. C'est un cercle vicieux.

Le bien et le mal s'accroissent selon une progression à intérêts. Ainsi, nos petites décisions journalières sont très importantes. Le plus infime acte de bonté accompli aujourd'hui constitue la conquête d'un point stratégique depuis lequel, dans quelques mois, vous remporterez des victoires dont vous n'aviez jamais rêvé. De même, une complaisance apparemment insignifiante dans les domaines de la convoitise charnelle ou de la colère entraînera la perte d'une crête, d'une voie ferrée ou d'une tête de pont, d'où l'ennemi lancera une attaque auparavant hors de sa portée.

Quelques écrivains utilisent le terme charité pour décrire non seulement l'amour chrétien entre les hommes, mais aussi l'amour de Dieu pour l'homme et celui de l'homme pour Dieu. Les gens s'inquiètent souvent de ce second cas. On leur dit qu'ils doivent aimer Dieu. Or, ils ne découvrent aucune trace de cet amour en eux. Que doivent-ils faire ? La réponse est la même que précédemment : agissez comme si vous ressentiez cet amour. N'essayez pas de « fabriquer » des sentiments. Demandez-vous : « Si j'étais sûr d'aimer Dieu, que ferais-je ? » Quand vous aurez trouvé la réponse, mettez-la aussitôt en pratique.

Dans l'ensemble, réfléchir sur l'amour de Dieu pour nous est un sujet bien plus sûr que celui de notre amour pour lui. Personne ne saurait éprouver en permanence des sentiments pieux ; serait-ce même le cas, sachons que Dieu ne se soucie pas premièrement de tels sentiments. L'amour chrétien, qu'il s'exerce envers Dieu ou envers les hommes, est affaire de volonté. Si nous nous efforçons de faire la volonté de Dieu, nous obéissons au commandement : « Tu aimeras le Seigneur ton Dieu. » Il nous donnera des sentiments d'amour si tel est son désir. Nous ne pouvons les créer par nous-mêmes et nous ne pouvons les réclamer comme un dû. Souvenez-vous avant tout que l'amour de Dieu est constant même si nos sentiments sont versatiles. Son amour n'est pas affecté par nos péchés ou notre indifférence et ceux-ci n'influent pas sur sa détermination de nous en guérir, quel qu'en soit le coût pour nous et pour lui.

10

L'ESPÉRANCE

L'espérance est l'une des vertus théologales. Ceci signifie que regarder sans cesse vers le monde éternel n'est pas, comme certains le pensent, une façon de fuir la réalité ou de prendre ses désirs pour la réalité, mais un des devoirs du chrétien. Ceci ne signifie pas pour autant que nous devons abandonner le monde actuel à son triste sort. En lisant l'Histoire, on découvre que les chrétiens qui ont le plus apporté au monde présent étaient précisément ceux qui pensaient le plus au monde futur. Les apôtres eux-mêmes qui ont évangélisé l'Empire romain, les grands bâtisseurs du Moyen-Âge, les Anglais évangéliques abolitionnistes de la traite des Noirs, tous ont laissé dans l'Histoire une trace indélébile car leur esprit était occupé par la pensée du Ciel.

Or, c'est depuis que les chrétiens ont, dans une large mesure, cessé de penser à l'autre monde qu'ils sont devenus inefficaces dans celui-ci. Aspirez au Ciel et vous recevrez la terre. Ne pensez qu'à ce monde et vous ne recevrez ni la terre ni le Ciel. C'est étrange, n'est-ce pas, mais on observe le même phénomène en d'autres domaines. La santé est une grande bénédiction mais, dès l'instant où elle prend pour vous une importance primordiale, vous devenez un maniaque et un « malade imaginaire ». Or, vous n'êtes susceptibles d'avoir la santé qu'à condition de désirer d'autres choses : nourriture, jeux, travail, activités de plein air... De même nous ne sauverons jamais la civilisation aussi longtemps qu'elle restera notre principal but. Il nous faut apprendre à désirer plus que cela.

Pour la plupart, il nous est très difficile de désirer le Ciel – sauf si cela signifie de retrouver les êtres chers disparus – car nous n'avons reçu aucune formation dans ce domaine.

Toute notre éducation tend à fixer notre esprit sur les perspectives de ce monde. De plus, lorsque le désir véritable du Ciel nous habite, nous n'en avons pas conscience. La plupart des gens, s'ils avaient vraiment appris à lire dans leur propre cœur, sauraient qu'ils aspirent très fortement à quelque chose que ce monde ne peut leur donner. Tout ce qui s'offre à nous ici-bas ne tient jamais totalement ses promesses. Les désirs qui surgissent en nous lorsqu'on tombe amoureux, qu'on projette un séjour à l'étranger ou qu'on embrasse une carrière passionnante, aucun mariage, aucun voyage, aucune profession ne pourra assouvir pleinement ces désirs. Je ne parle pas ici, bien entendu, de mariages, de vacances ou de professions qui se seraient soldés par un échec, mais de ceux qui se seraient merveilleusement bien passés. Ce quelque chose qu'on avait saisi au départ s'est évanoui dans la réalité. Je pense que chacun sait à quoi je fais allusion. L'épouse peut être excellente, les hôtels ou le paysage de toute beauté, et la chimie un travail fort intéressant, pourtant quelque chose nous a échappé. Or, il y a deux manières incorrectes de réagir à ce moment-là, et une seule qui soit juste.

1° La réaction de l'insensé. Il jette le blâme sur les choses elles-mêmes. Il passe sa vie à penser que c'est en tentant l'aventure avec une autre femme, en s'offrant un voyage plus cher, ou quoi que ce soit d'autre, qu'il saisira ce quelque chose mystérieux après lequel nous soupirons tous. La plupart des gens rongés par l'ennui, insatisfaits et fortunés, sont de ce type. Ils passent leur vie à trotter d'une femme à l'autre, d'un continent à un autre, de plaisir en plaisir, persuadés chaque fois qu'ils auront enfin atteint ce « quelque chose véritable » ; mais ils restent toujours déçus.

2° La réaction de l'homme sensé et désabusé. Il décide d'emblée que tout est fariboles. « Naturellement, dit-il, on éprouve cette impression quand on est jeune. À mon âge, je préfère renoncer à courir après de telles chimères. » Il s'assagit alors, apprend à ne pas s'attendre à trop et refoule ce qui en lui s'ingéniait « à vouloir décrocher la lune ». Il va de soi que c'est un point de vue meilleur que le premier, qui rend un homme plus heureux et moins assommant pour la société. Il en vient à faire le « petit saint » – il traite de haut ceux qu'il appelle des « adolescents » – mais, dans l'ensemble, il se débrouille plutôt bien. Ce serait la meilleure voie à emprunter si l'homme ne vivait pas éternellement. Mais supposons que le bonheur infini existe et nous attende. Supposons qu'on puisse réellement décrocher la lune. Dans ce cas, quel dommage de découvrir trop tard (juste après la mort) que notre soi-disant « bon sens », a étouffé en nous la faculté d'en jouir.

3° La réaction chrétienne. Le chrétien, pour sa part, raisonne ainsi : « La Nature ne nous a pas dotés de désirs dont la satisfaction soit impossible. Un bébé a faim : la nourriture existe... Un caneton désire nager : l'eau est là... Les hommes éprouvent le désir sexuel : la sexualité est là... Et si je découvre en moi un désir qu'aucune expérience au monde ne puisse satisfaire, l'explication plausible ne serait-elle pas que je suis fait pour un autre monde ? Si aucun de mes plaisirs terrestres ne satisfait ce désir, cela ne prouve pas pour autant que l'univers soit une imposture. Probablement les plaisirs terrestres n'ont-ils pas été prévus pour satisfaire ce désir, mais seulement l'éveiller, suggérer la chose réelle. S'il en est ainsi, je dois prendre soin, d'une part de ne jamais mépriser ces bénédictions terrestres ou montrer de l'ingratitude à leur égard, et d'autre part de ne jamais les confondre avec ce quelque chose d'autre dont ils ne sont qu'une copie, un écho ou un mirage. Je dois maintenir bien vivace en moi l'aspiration pour ma vraie patrie que je n'atteindrai qu'après la mort. Je ne dois jamais m'en détourner ou la laisser s'enfouir sous la neige. L'objet principal de ma vie doit donc être d'y aspirer et d'inviter tous ceux qui m'entourent à faire de même. »

Pourquoi se laisser troubler par l'humeur douteuse des personnes qui essaient de ridiculiser l'espérance chrétienne du Ciel en disant qu'ils ne veulent pas « passer l'éternité à jouer de la harpe » ? Répondons-leur que s'ils ne peuvent pas comprendre les livres écrits pour des adultes, ils ne devraient pas en parler. Tout le langage imagé dans les Écritures (harpes, couronnes, or, etc.) est bien sûr une tentative symbolique d'exprimer l'inexprimable. On mentionne les instruments de musique parce que, pour la plupart d'entre nous, la musique est ici-bas, ce qui suggère le plus fortement l'extase et l'infinité. Les couronnes évoquent le fait que les rachetés unis à Dieu pour l'éternité partagent sa splendeur, sa puissance et sa joie. L'or est cité pour suggérer le caractère intemporel du Ciel (l'or ne rouille pas) et son incommensurable valeur. Si l'on prend ces symboles au pied de la lettre, on pourrait tout autant penser que quand le Christ nous a dit d'être comme des colombes, il voulait dire qu'on doit pondre des œufs !...

LA FOI

11

Ce chapitre traitera de ce que les chrétiens appellent la Foi. Dans l'ensemble, ils utilisent le mot Foi dans deux sens bien distincts, que j'étudierai successivement.

1° **La foi, c'est tout simplement adopter les croyances chrétiennes**, c'est-à-dire considérer que les doctrines du christianisme sont vraies. C'est assez simple, n'est-ce pas ? Mais ce qui intrigue les gens – tout au moins ce fut mon cas – c'est le fait que les chrétiens considèrent la foi, dans ce premier sens, comme une vertu. Comment diantre, me demandais-je autrefois, pourrait-elle être une vertu ? Qu'y a-t-il de moral ou d'immoral à croire ou à ne pas croire en certaines croyances ? J'argumentais qu'un homme sain d'esprit accepte ou rejette une affirmation, non parce qu'il le veut, mais parce que les preuves avancées lui paraissent concluantes ou non. S'il se trompe quant à la crédibilité de la preuve, cela ne signifie pas pour autant que cet homme soit mauvais, mais seulement qu'il n'est pas très intelligent. S'il persiste, malgré des preuves contestables, à croire quand même, il est tout bonnement stupide.

Eh bien, je m'en tiens toujours à ce point de vue ! Mais ce qui m'échappait alors – et échappe encore à beaucoup aujourd'hui – était ceci : je supposais que si l'esprit humain tient pour vraie une affirmation à un moment donné de sa vie, il continuera à le faire jusqu'à ce qu'une raison valable surgisse et le fasse reconsidérer son point de vue. Je croyais en fait que l'esprit humain est entièrement régi par la raison. Or, il n'en est rien. Par exemple, ma raison est parfaitement convaincue par des preuves concluantes que l'anesthésie ne va pas m'étouffer et que les chirurgiens expérimentés ne commenceront pas l'opération tant que je n'aie pas sombré dans l'inconscience. Mais cela ne change rien au fait qu'une fois allongé sur la table d'opération et qu'on me colle l'horrible masque sur le visage, une panique enfantine me saisit. Je pense que je vais étouffer et j'ai peur qu'on commence à me charcuter avant que je ne sois complètement endormi. En d'autres termes, je perds la foi dans l'anesthésiste. Ce n'est pas la raison qui chasse ma foi – au contraire, ma foi se fonde sur la raison – mais c'est mon imagination et mon émotion qui le font. La bataille se livre entre la foi alliée à la raison, et l'émotion alliée à l'imagination.

En y réfléchissant, on découvre quantité de cas semblables. Un homme sait de toute évidence qu'une charmante jeune fille de sa connaissance est menteuse, incapable de garder un secret et ne mérite aucune confiance. Mais quand il se trouve avec elle, il perd sa foi dans ce qu'il sait d'elle et il se dit : « Peut-être sera-t-elle différente cette fois-ci », et à nouveau il se conduit comme un fou racontant à sa belle ce qu'il ne devrait pas lui dire. Ses sens et ses émotions ont détruit sa foi en ce qu'il sait pertinemment être vrai. Prenez l'exemple d'un garçon qui apprend à nager. Sa raison sait parfaitement qu'un corps humain non soutenu ne coulera pas forcément et il a d'ailleurs vu des douzaines de gens flotter et nager. Mais toute la question est de savoir s'il pourra continuer à y croire quand le moniteur le lâchera et le laissera nager seul, ou bien, cessant d'y croire, s'il s'abandonnera à la panique et coulera.

Or, il en est exactement de même pour le christianisme. Je ne demande à personne d'accepter le christianisme si sa raison lui dit que les faits prouvent le contraire. Ce n'est pas à ce niveau-là que la foi intervient. Mais supposons que la raison d'un homme lui dise que les faits en faveur du christianisme sont irréfutables. Qu'arrivera-t-il ensuite ? Le jour où des ennuis et de mauvaises nouvelles l'accableront, où son entourage ne partagera pas sa croyance, ses émotions reprendront alors le dessus et balaieront sa foi comme un ouragan.

Qu'il soit attiré par une femme, qu'il veuille mentir ou soit imbu de lui-même, ou qu'il voie l'occasion de se faire un peu d'argent de façon malhonnête, il lui sera plus commode que le christianisme ne soit pas vrai. Et là encore, les souhaits et les désirs de cet homme balaieront tout. Je ne parle pas ici de moments où surviennent de bonnes raisons de réfuter le christianisme. Ces moments-là, il faut les affronter, mais c'est alors une autre question. Je parle seulement des moments où notre humeur s'élève contre notre croyance.

Or la foi, dans le premier sens considéré ici, est l'art de tenir fermement aux certitudes que notre raison a acceptées une fois pour toutes, en dépit de nos changements d'humeur. Car notre humeur change, quel que soit le point de vue qu'adopte notre raison. Je le sais par expérience. Maintenant que je suis chrétien, j'ai des changements d'humeur : la foi chrétienne me paraît alors fort improbable. Mais quand j'étais athée j'avais aussi des changements d'humeur : le christianisme me semblait alors fort probable. Cette rébellion de vos humeurs contre votre être intérieur se produira, soyez-en sûrs. C'est pourquoi la foi est une vertu si nécessaire. À moins de poser des limites à vos humeurs, vous ne serez jamais ni un chrétien solide ni un athée convaincu. Vous serez seulement une créature poussée de côté et d'autre et dont les croyances dépendent du temps ou de votre digestion. Il faut donc s'exercer à la foi.

Le premier pas consiste à admettre que votre humeur est changeante. Le suivant est de vous assurer que, si vous acceptez le christianisme, ses principales doctrines doivent occuper délibérément votre esprit un certain temps chaque jour. C'est pourquoi la prière quotidienne, la lecture de la Bible et l'assiduité aux réunions font partie intégrante de la vie chrétienne. Remémorons-nous continuellement ce que nous croyons. Cette croyance, pas plus qu'une autre, ne restera automatiquement vivante en notre esprit. Il convient de la nourrir. D'ailleurs, si l'on considère cent personnes ayant perdu la foi chrétienne, je me demande combien parmi elles se sont laissées convaincre par des arguments honnêtes ! La plupart ne sont-elles pas tout simplement parties à la dérive ?

Maintenant considérons la foi dans son second sens, plus élevé. C'est la tâche la plus difficile que j'aie dû affronter jusqu'ici. Je veux l'aborder en reprenant le sujet de l'humilité. Si le premier pas vers l'humilité est la reconnaissance de notre propre orgueil, le suivant consiste en une sérieuse tentative de pratiquer les vertus chrétiennes. Une semaine n'y suffit pas, car tout est plutôt branlant durant les premiers jours. Renouvelez l'expérience pendant six semaines. Au bout de ce laps de temps, tant que vous pourrez en juger, vous serez tombé à la renverse, ou même plus bas qu'avant ces six semaines, et vous aurez découvert quelques vérités sur vous-même. Nul individu ne sait à quel point il est mauvais jusqu'à ce qu'il essaie très fort d'être bon. On nous dit parfois que les gens bien n'auraient aucune notion de la tentation. Quel mensonge ! Seuls ceux qui essaient de résister à la tentation connaissent sa puissance. Après tout, on découvre la force de l'ennemi en l'affrontant, non en baissant pavillon, comme on connaît la violence du vent en essayant d'avancer contre lui et non en s'allongeant sur le sol !

Un homme qui cède à la tentation au bout de cinq minutes ne sait pas quelle aurait été sa réaction une heure plus tard. C'est pourquoi les gens mauvais ignorent presque tout de la méchanceté. Leur capitulation constante devant la tentation les a mis à l'abri de tout remous de conscience. Nous n'éprouvons jamais la virulence d'une pulsion mauvaise si nous n'essayons pas de la combattre. Le Christ, le seul homme qui jamais n'a cédé à la tentation, est aussi le seul homme sachant pleinement ce qu'elle est.

Ainsi, la leçon à tirer d'une tentative sérieuse de pratiquer les vertus chrétiennes est que nous échouons. Il faut écarter d'emblée l'idée que Dieu nous ferait subir un examen susceptible de nous valoir de bonnes notes. N'imaginons pas non plus que pratiquer de bonnes œuvres soit notre part d'un marché conclu avec Dieu, et que Dieu nous doive quelque chose en contrepartie. Ces idées sont à exclure.

Quiconque possède quelque vague croyance en Dieu a sans doute à l'esprit, jusqu'à ce qu'il devienne chrétien, cette idée d'examen ou de marchandage. Le premier résultat du vrai christianisme est que cette idée vole en éclats. En constatant la ruine de cette notion, quelques personnes pensent tenir la preuve que le christianisme est un fiasco et elles y renoncent. Elles croient que Dieu est un peu demeuré alors qu'en fait il sait tout à ce sujet. Un des premiers buts du christianisme est précisément de faire voler cette idée en éclats. Dieu attendait ce moment où vous alliez découvrir qu'il n'est pas question de réussir à un examen, ni de faire de lui votre débiteur.

Vient alors une autre découverte : chaque faculté que vous possédez, la capacité de penser, de mouvoir vos membres, est un don de Dieu. Si vous consacriez chaque instant de votre existence à son service exclusif, vous ne pourriez rien lui donner qui, en un sens, ne lui appartienne déjà. À qui ressemblerait alors un homme accomplissant quelque action pour Dieu ou lui offrant quoi que ce soit ? À rien d'autre qu'un petit garçon allant demander à son père : « Papa, donne-moi dix euros pour acheter ton cadeau d'anniversaire. » Évidemment le père s'exécuterait et serait très heureux du présent de son fils. C'est très gentil et correct, mais seul un imbécile penserait que le père a gagné dix euros !

Une fois qu'un homme a fait ces deux découvertes, Dieu peut vraiment se mettre à l'œuvre. C'est alors que la vraie vie commence. L'homme est maintenant réveillé. On peut passer au second sens de la foi.

2° La foi, c'est laisser tout à Dieu

J'aimerais que chacun tienne le plus grand compte de ce qui va suivre. Si cette deuxième partie du chapitre ne signifie rien pour vous et si vous avez le sentiment qu'elle répondrait à des questions que vous ne vous êtes jamais posées, ne vous en formalisez pas outre mesure. Il y a certains éléments du christianisme qu'on peut saisir de l'extérieur, avant même de devenir chrétien. Mais d'autres éléments, tout aussi importants, ne peuvent être compris qu'après avoir parcouru un bon bout de chemin sur la voie chrétienne. Ces éléments sont purement pratiques, bien qu'ils n'en aient pas l'air. Ils indiquent la voie à prendre quand nous arrivons à certains carrefours et que nous butons contre certains obstacles sur notre route. Ces indications n'ont de sens que lorsque nous arrivons à ces endroits. Chaque fois que, dans des écrits chrétiens, vous ne comprenez pas quelque affirmation, ne vous tracassez pas. Laissez l'affaire de côté. Un jour viendra où vous en découvrirez tout à coup la signification. Si vous la compreniez à l'instant même, il n'en résulterait que du mal.

Naturellement, de tels propos plaident contre moi. Ce que je veux expliquer maintenant risque d'excéder mes possibilités. Il se peut que je croie avoir saisi une vérité alors qu'il n'en est rien. Que les chrétiens avertis veillent scrupuleusement à ce que j'avance et me corrigent si j'ai tort, et que les autres le prennent comme une proposition susceptible de les aider et non comme une affirmation sûre et certaine.

Je vais donc essayer de parler du second sens de la foi, le sens le plus élevé. J'ai dit plus haut que la question de la foi dans ce deuxième sens se pose quand un individu a découvert sa propre faillite. Faillite parce qu'il ne parvient pas à manifester les vertus chrétiennes et que, même s'il le pouvait, il ne ferait que donner à Dieu ce qui lui appartient déjà. Or, encore une fois, rappelons-nous que ce ne sont pas précisément de nos actes dont Dieu se soucie. Il s'intéresse plutôt à ce que nous soyons des créatures d'un certain type ou d'une certaine qualité – telles qu'il les a voulues au départ – des créatures en relation avec lui d'une manière particulière.

Je n'ajoute pas « en relation les unes avec les autres » puisque c'est inclus. Si vous êtes en règle avec Dieu, vous le serez aussi avec vos semblables, comme les rayons d'une roue correctement fixés sur la jante et le moyeu sont inévitablement bien situés les uns par rapport aux autres. Aussi longtemps qu'un homme se représente Dieu comme un examinateur lui soumettant une épreuve ou comme une personne avec laquelle il aurait conclu un marché – aussi longtemps qu'il raisonne en termes de résultats ou de droits – il n'est pas dans la bonne relation avec lui. Il se méprend totalement sur sa propre identité et sur celle de Dieu. Il ne pourra établir une juste relation qu'après avoir découvert que l'homme faillira toujours.

C'est sciemment que je dis « découvert », car il ne s'agit pas de répéter comme un perroquet que l'homme est faillible. Un enfant, s'il reçoit une éducation religieuse, apprendra bientôt à *dire* que nous n'avons rien à offrir à Dieu qui ne lui appartienne déjà, et que nous ne parvenons même pas à le lui offrir sans garder quelque chose pour nous. Mais c'est de *découvrir* cela dont je veux parler ; vraiment apprendre au travers de notre propre expérience.

Or, nous ne pouvons pas, en ce sens, découvrir notre incapacité à respecter la loi de Dieu à moins de nous y être efforcés le plus possible – et d'avoir échoué ! Sinon il subsistera toujours en nous l'idée que, par un effort plus soutenu, nous réussirons la fois suivante à être complètement bons. Ainsi, en un sens, le retour vers Dieu est un chemin d'effort moral, de tentatives toujours plus ardues. Mais ce ne sont pas toutes ces tentatives qui nous permettront de réussir. Par contre, elles nous conduisent toutes à un point crucial, celui de crier à Dieu : « Fais-le, Seigneur, je n'y arrive pas. » Je vous en conjure, ne vous demandez surtout pas maintenant : « Ai-je atteint ce point crucial ? » Ne vous mettez pas à scruter votre esprit pour voir si c'est en train de se produire en vous. Ce serait vous lancer sur une fausse piste. Quand des événements importants de notre vie surviennent, très souvent nous n'en sommes pas conscients sur le moment. On ne se répète pas toujours : « Bravo, je suis en train de grandir. » C'est seulement en regardant en arrière que nous prenons conscience de notre « croissance ». Ce phénomène s'observe dans les choses

[1] John Bunyan (1628-1688) prédicateur, et auteur du « Voyage du Pélerin ».

simples de la vie. Ainsi, un individu qui surveille anxieusement si le sommeil va enfin le gagner restera probablement tout à fait réveillé. Cette croissance dont je parle ne se produit pas toujours de façon soudaine, comme ce fut le cas pour l'apôtre Paul ou John Bunyan. Elle est parfois si progressive qu'on ne peut fixer une heure ou une année précises où elle s'est produite. Ce qui importe, c'est la nature même de la transformation et non ce que nous ressentons quand elle se produit. C'est le fait de passer d'une confiance en ses propres efforts à un état dans lequel on désespère de faire quoi que ce soit par soi-même. Alors, on laisse tout à Dieu.

L'expression « laisser tout à Dieu » risque d'être mal interprétée, mais gardons-la pour l'instant. Le chrétien laisse tout à Dieu dans le sens où il met toute sa confiance en Christ. Nous avons confiance que Christ partagera avec nous l'obéissance totale qu'il a manifestée depuis sa naissance jusqu'à sa crucifixion ; nous avons confiance que Christ nous rendra plus semblables à lui et, dans un sens, qu'il utilisera nos défaillances. Il partagera « sa nature de Fils » avec nous pour que nous devenions, comme lui, « fils de Dieu ». En quatrième partie de ce livre, je tenterai une analyse plus approfondie de cette expression. On pourrait dire que Jésus-Christ offre quelque chose en échange de rien, et même qu'il offre tout sans rien prendre en échange. En un sens, toute la vie chrétienne consiste à accepter cette offre remarquable. La difficulté est d'atteindre le point où l'on reconnaît que tout ce qu'on a fait ou tout ce qu'on peut faire est néant. On aurait préféré que Dieu additionne nos bonnes notes et ignore les mauvaises. Je le répète, dans un sens aucune tentation n'est jamais vaincue jusqu'à ce que nous cessions le combat, que nous jettions l'éponge. Mais alors, on ne pourrait « cesser d'essayer » de la bonne façon ou pour la bonne raison, tant qu'on n'aurait pas fait tous ses efforts. Et pourtant, laisser toutes choses entre les mains du Christ n'implique pas, bien entendu, de cesser d'essayer. Lui faire confiance c'est, bien sûr, s'efforcer de faire tout ce qu'il dit. Il serait inutile de prétendre que vous placez votre confiance en une personne si vous ne suivez pas ses conseils. Si vous vous êtes réellement abandonné au Christ, il est normal d'essayer de lui obéir. Mais vous essayez d'une façon nouvelle, moins angoissée. Non dans le but d'être sauvé, mais parce que le Christ a déjà commencé en vous son œuvre de salut. Non dans l'espoir de mériter le Ciel par vos actes, mais avec le désir sincère d'agir d'une certaine façon parce que cette petite lueur du Ciel est déjà présente en vous.

Les chrétiens ont souvent débattu de savoir si le chrétien ira au paradis grâce à ses bonnes actions ou à sa foi en Christ. Je ne suis pas vraiment habilité à traiter un sujet si difficile mais cela revient, me semble-t-il, à demander quelle lame est la plus nécessaire dans une paire de ciseaux. Seul un sérieux effort moral vous amènera à « jeter l'éponge ». La foi placée dans le Christ est le seul élément qui vous sauvera alors du désespoir, et les bonnes œuvres découleront inévitablement de cette foi-là. On a accusé les chrétiens de croire en une ou l'autre de deux parodies de la vérité que nous allons formuler. Elles éclaireront peut-être un peu cette notion. Le premier groupe de chrétiens fut accusé de prétendre : « Ce sont les bonnes œuvres qui comptent le plus. La bonne œuvre par excellence c'est la charité. Le meilleur acte de charité c'est de donner de l'argent. Le mieux est de le donner à l'Église. Versez-nous 1000 euros et nous veillerons à ce que tout se passe bien pour vous. » La réponse à cette ineptie, bien sûr, serait que les bonnes œuvres accomplies avec de telles motivations, avec l'idée qu'on peut acheter le Ciel, ne seraient pas des bonnes œuvres, mais bien plutôt des spéculations financières. Le deuxième groupe fut accusé de dire : « La Foi est tout ce qui compte. Si vous avez la foi, ce que vous faites n'a aucune importance. Ne vous gênez pas pour pécher, mon brave, prenez du bon temps et le Christ s'arrangera pour qu'il n'y ait pas de conséquences fâcheuses. » Qu'objecter à cette deuxième ineptie ? Si ce qu'on appelle la Foi dans le Christ n'implique pas la moindre attention à ses paroles, alors ce n'est pas du tout la foi ou la confiance en lui, mais seulement l'acquiescement intellectuel à quelque théorie à son sujet.

La Bible semble clore le débat quand elle relie les deux concepts dans une phrase étonnante : « Travaillez à votre propre salut avec crainte et tremblement [1] », ce qui laisse supposer que tout dépendrait de nous et de nos bonnes œuvres. Mais la phrase continue : « car c'est Dieu qui produit en vous le vouloir et le faire », ce qui laisse supposer que Dieu fait tout, et nous rien. Je crains fort que ce soit le genre d'obstacle que nous rencontrons dans le christianisme. Je suis intrigué mais non surpris. Voyez-vous, nous essayons de séparer en compartiments bien distincts l'action de Dieu d'une part, celle de l'homme d'autre part, comme s'il s'agissait de deux ouvriers travaillant côté à côte sur un chantier où l'on puisse distinguer qui fait quoi. Mais cette façon de penser s'écroule, car Dieu n'est pas ainsi. Il est en nous aussi bien qu'en dehors de nous. Même si on pouvait distinguer qui a fait quoi, le langage humain ne pourrait pas l'exprimer correctement. Diverses églises l'expriment de diverses manières. Mais même les confessions qui insistent le plus fortement sur les bonnes œuvres conviennent qu'il faut la foi ; et même celles qui insistent le plus sur la foi vous disent d'accomplir des œuvres. Je ne peux pour ma part aller plus loin.

Je crois que tous les chrétiens seraient d'accord avec moi si j'avançais que, même si le christianisme semble être, à première vue, une question de morale, de devoirs, de règles, de culpabilité, de vertu, etc., il nous conduit pourtant en dehors et au-delà de tout cela. On entrevoit un pays où les gens ne parlent plus de ces choses, sauf peut-être pour plaisanter. Chacun d'eux, tel un miroir inondé de lumière, est inondé de ce que nous appelons la bonté. Mais eux ne l'appellent pas la bonté. Ils ne l'appellent pas du tout. Ils n'y pensent pas. Ils sont trop occupés à en contempler la source. Nous sommes ici à l'endroit où la route franchit la frontière de notre monde.

[1] Philippiens 2.12

Quatrième partie

AU-DELÀ DE LA PERSONNE
ou
LES PREMIERS PAS DANS LA DOCTRINE DE LA TRINITÉ

1

CRÉER ET ENGENDRER

De toutes parts, on m'a conseillé de renoncer à ce que je vais vous exposer dans cette dernière partie. « Le lecteur moyen ne veut pas entendre parler théologie, donnez-lui plutôt une religion pratique et simple », me dit-on. J'ai rejeté cet avis. Je ne crois pas que le lecteur moyen soit si sot. Théologie signifie « la science de Dieu » et je pense que tout homme désireux de réfléchir sur Dieu tient à avoir à son sujet des idées aussi claires et précises que possible. Vous n'êtes pas des enfants, alors pourquoi vous traiterait-on ainsi ?

Dans un sens, je comprends fort bien pourquoi la théologie déconcerte certaines personnes. Je me rappelle qu'un jour, lors d'une causerie sur une base de l'Armée de l'Air britannique, un vieil officier coriace se leva pour me dire : « Je n'ai que faire de tout cela. Mais notez que je suis une personne croyante, je sais que Dieu existe. J'ai ressenti sa présence, seul au désert, la nuit et dans le mystère du silence. Et c'est justement pourquoi je ne crois pas en vos gentils petits dogmes le concernant. Quiconque a rencontré la Réalité les trouve tous si mesquins, pédants et irréels ! »

D'une certaine façon, je suis tout à fait d'accord avec cet homme. Je crois qu'il avait réellement vécu l'expérience de la présence de Dieu au désert. Et, passant de cette expérience aux doctrines chrétiennes, il est probablement passé d'une chose réelle à une chose moins réelle. De même, un individu qui contemple l'Atlantique depuis la plage, puis consulte une carte de l'océan, passera aussi du réel au moins réel, des vagues véritables à du papier imprimé en couleur. Mais voici à quoi je veux en venir. La carte, bien évidemment, n'est qu'une feuille de papier, mais il faut se souvenir de deux choses. Premièrement, cette carte est basée sur les découvertes d'innombrables navigateurs ayant traversé l'Atlantique. Elle est le fruit d'une somme d'expériences aussi réelles que celle de l'homme sur la plage ; seulement, alors que la sienne n'est qu'un simple coup d'œil isolé, la carte offre la synthèse de ces différentes expériences.

En second lieu, si on veut naviguer, une carte est indispensable. Tant qu'on se contente de promenades sur la plage, il est plus agréable de regarder la mer que de contempler une carte. Mais si on veut atteindre l'Amérique, une carte rendra plus de services que des promenades sur la grève.

Or, la théologie est semblable à une carte. Se contenter d'apprendre les doctrines chrétiennes et d'y réfléchir, c'est moins réel et moins passionnant que la révélation qu'a eu cet officier au désert. Les doctrines ne sont pas Dieu, mais seulement une sorte de carte établie d'après l'expérience de centaines de gens qui ont réellement eu un contact avec lui. Tous les sentiments pieux ou les grandes émotions que vous et moi pourrions éprouver sont bien élémentaires et confus, comparés à ces expériences-là. En outre, si on désire s'aventurer plus loin, il faut une carte. Voyez-vous, l'expérience de cet homme dans le désert peut avoir été réelle, exaltante, mais rien n'en est ressorti. Elle ne conduit nulle part. On ne peut rien en tirer. De même, une religion floue qui consiste à retrouver Dieu dans la nature est très attrayante. Mais ce n'est hélas que de l'exaltation, sans travail, comme la contemplation des vagues au bord du rivage. On n'atteint pas Terre-Neuve en scrutant l'Atlantique, comme on n'obtient pas la vie éternelle en ayant le sentiment de la présence de Dieu dans les fleurs ou la musique. Par contre, on ne va nulle part en regardant des cartes sans jamais prendre la mer. Mais on n'est pas non plus en sécurité sans aucune carte pour nous guider sur les flots.

En d'autres termes, et surtout de nos jours, la théologie est d'ordre pratique. Autrefois, quand les gens étaient moins instruits et débattaient moins des points de vue, peut-être pouvaient-ils se satisfaire de quelques idées simples sur Dieu.

Il en va autrement aujourd'hui. Tout le monde lit et écoute ces débats d'idées. Par conséquent, ne pas s'intéresser à la théologie ne signifie pas qu'on n'ait pas d'idées personnelles sur Dieu, mais plutôt que beaucoup d'entre elles sont fausses, confuses et désuètes. En effet, maintes notions sur Dieu, exhibées aujourd'hui comme des nouveautés, sont tout bonnement celles que de vrais théologiens ont examinées et rejetées, voici des siècles. On fait preuve de régression quand on croit à la religion en vogue aujourd'hui – c'est comme si on croyait que la terre est plate.

En effet, en y regardant de plus près, l'idée que les gens se font du christianisme n'est-elle pas simplement que Jésus-Christ était un grand maître de morale et que si nous respectons ses conseils, nous serons en mesure d'établir un ordre social meilleur et d'éviter une nouvelle guerre ? Oui, sans doute, mais cette croyance est bien en-deçà de la foi chrétienne dans son ensemble, et elle n'a aucune valeur pratique.

Certes, si nous appliquions les conseils du Christ, nous vivrions bien vite dans un monde plus heureux. D'ailleurs, il n'est même pas nécessaire de remonter jusqu'au Christ. Si nous mettions en pratique tout ce qu'ont dit Platon, Aristote ou Confucius, tout irait aussi beaucoup mieux. Et pourtant, nous n'avons jamais suivi leurs conseils, et je serais étonné qu'on commence maintenant. Pourquoi serions-nous mieux disposés à suivre le Christ qu'à suivre ces grands maîtres ? Serait-il le meilleur de tous les moralistes ? Or, c'est précisément pour cela que nous le suivrions encore moins que les autres. Si nous ne pouvons pas assimiler les leçons élémentaires, pourquoi retiendrions-nous les plus élaborées ? Si le christianisme ne constitue qu'une nouvelle brassée d'excellents conseils, il demeure alors sans importance. Il y a pléthore de bons conseils depuis quatre mille ans. Une petite dose supplémentaire n'y changerait rien.

Examinez la vraie littérature chrétienne et vous découvrirez vite qu'elle traite d'un sujet tout à fait différent de cette religion en vogue aujourd'hui. Elle affirme que Jésus est le Fils de

Dieu (quelle qu'en soit la signification) et que ceux qui placent leur confiance en lui peuvent aussi devenir fils de Dieu (quelle qu'en soit la signification). Elle proclame que sa mort nous a sauvés de nos péchés (quelle qu'en soit la signification).

Inutile de se plaindre que ces affirmations sont difficiles à comprendre. Le christianisme prétend nous parler d'un autre monde, d'un au-delà de notre univers perceptible au toucher, à l'ouïe, à la vue. Peut-être pensez-vous que le christianisme se trompe ; mais s'il dit vrai, son enseignement est nécessairement difficile, au moins autant que la physique moderne l'est, et pour la même raison.

Or, dans le christianisme, ce qui choque le plus c'est l'affirmation qu'en nous attachant au Christ, nous pouvons « devenir fils de Dieu ». On demandera : « Ne sommes-nous pas déjà fils de Dieu ? La paternité de Dieu n'est-elle pas à coup sûr l'une des idées chrétiennes fondamentales ? » Oui, sans doute, dans un sens nous sommes déjà fils de Dieu. J'entends par là que Dieu nous a appelés à l'existence, nous aime et veille sur nous et, de ce fait, il est comme un Père. Mais quand la Bible explique que nous pouvons « devenir » fils de Dieu, elle fait manifestement référence à autre chose. Ceci nous conduit au cœur même de la théologie.

Un des *credo* proclame que le Christ est le Fils de Dieu « engendré et non créé », et il ajoute : « né du Père avant tous les siècles ». Remarquez-le bien, ceci n'a rien à voir avec la venue du Christ sur la terre en tant qu'homme, né d'une vierge. Il s'agit plutôt ici de ce qui s'est produit avant la création du monde, avant que les temps ne commencent. « Avant tous les siècles, le Christ est engendré et non créé. » Que signifie cette affirmation ?

En langage moderne, nous n'utilisons guère les mots *engendrer* ou *engendré*, mais chacun les comprend. Engendrer, c'est devenir « père » ; tandis que créer, c'est faire ou fabriquer. On engendre quelque chose de même nature que soi. Un homme engendre des enfants, un castor engendre des petits castors, et un oiseau des œufs qui se transforment en oisillons.

Mais créer, c'est fabriquer quelque chose d'une nature différente de soi. Un oiseau fait son nid, un castor construit une digue, un homme fabrique un téléviseur. Un sculpteur adroit réalisera même une statue qui ressemblera à un homme, mais celle-ci n'en gardera cependant que l'image et ne pourra jamais ni respirer ni penser. Elle ne sera jamais vivante.

Mettons ceci bien au clair : ce qui est engendré de Dieu est Dieu, comme un homme est engendré d'un autre homme. Ce que Dieu crée n'est pas Dieu, comme un homme ne peut créer un autre homme. C'est pourquoi les hommes ne sont pas fils de Dieu dans le sens où le Christ l'est. Ils peuvent être comme Dieu en certains domaines, mais ne sont pas des êtres de même nature. Ils ressemblent davantage à des statues ou à des images de Dieu.

Comme une statue revêt la forme d'un homme mais n'est pas vivante, de même, l'homme (et je vais m'en expliquer) a la « forme » ou l'apparence de Dieu mais ne possède pas la même vie que lui. Prenons le premier point : la ressemblance de l'homme avec Dieu. Tout ce que Dieu a créé présente quelque similitude avec lui-même. L'espace lui ressemble par son immensité, non que la grandeur de l'espace soit du même genre que la grandeur de Dieu, mais elle en est une sorte de symbole, ou une transposition en termes non spirituels. La matière, par sa force énergétique, est comme Dieu, quoique l'énergie physique diffère fondamentalement de la puissance de Dieu. Le monde végétal lui ressemble parce qu'il est vivant et Dieu est le « Dieu vivant », mais la vie, dans son sens biologique, n'est pas identique à celle de Dieu. Elle n'en est qu'une sorte de symbole ou d'ombre. En ce qui concerne les animaux, nous trouvons d'autres types de similitudes, en plus de la vie biologique. L'activité et la fécondité intenses des insectes, par exemple, sont une pâle ressemblance avec l'incessante activité et la puissance créatrice de Dieu. Chez les mammifères, nous trouvons une amorce d'affection instinctive. Elle n'est pas de même nature que l'amour qui existe en Dieu, mais elle lui ressemble comme un tableau peut représenter un paysage. Quand nous en arrivons à l'homme, le plus élevé dans la hiérarchie animale, nous atteignons la meilleure des ressemblances avec Dieu. (Peut-être existe-t-il dans d'autres mondes des créatures plus semblables à lui, mais nous n'en savons rien.) L'homme non seulement vit, mais il aime et il raisonne. La vie biologique atteint en lui le plus haut niveau connu.

Mais ce que l'homme ne détient pas par nature, c'est la vie spirituelle, cette vie différente et supérieure que seul Dieu possède. Nous utilisons le terme « vie » dans les deux sens. Si l'on estime que ces deux sens recouvrent la même chose, cela revient à penser que la « grandeur » de l'espace et la « grandeur » de Dieu sont du même ordre. En réalité, la différence entre la vie biologique et la vie spirituelle est si importante que je vais leur attribuer deux noms distincts. La vie biologique nous est acquise par nature et tend sans cesse à s'anémier et à dépérir, si bien qu'elle ne peut être entretenue et régénérée que par des apports de la Nature en air, eau, nourriture, etc. : c'est la *Bios*[1]. La vie spirituelle, qui est en Dieu de toute éternité et qui a créé l'univers naturel, c'est la *Zoé*[2]. La *Bios* présente, bien sûr, une certaine ressemblance confuse ou symbolique avec la *Zoé*, comme une photo avec un paysage, ou une statue avec un homme. Un individu qui muterait de *Bios* en *Zoé* subirait un changement aussi radical qu'une statue qui, de pierre sculptée, deviendrait homme véritable.

Or, c'est précisément le but du christianisme. Ce monde est l'atelier d'un grand sculpteur. Nous sommes les statues et la rumeur court que certains parmi nous vont un jour prendre vie.

---

1 Bios, mot grec : la vie biologique, la vie animale, ou comme moyen de vivre (cf. Actes 26.4 et Marc 12.44).

2 Zoé, mot grec : la vie est l'antithèse de la mort (cf. Luc 16.25 et Actes 17.25), la vie éternelle (cf. Jean 6.51 et Romains 5.18 et 6.4).

2

DIEU EN TROIS PERSONNES

Le chapitre précédent expliquait la différence entre engendrer et créer. Un homme engendre un enfant, mais il crée une statue. Dieu a engendré le Christ, mais il crée des hommes. Cependant, je n'ai illustré qu'un seul aspect de Dieu : ce qui est engendré de Dieu le Père est de même nature que lui. C'est comme un homme qui engendre un fils, mais pas tout à fait. Je m'explique :

Bon nombre de gens disent : « Je crois en Dieu, mais pas en un Dieu personnel. » (« Dieu personnel » signifiant un Dieu pouvant être apparenté à une personne). Ils pressentent que cet être mystérieux qui existe derrière toutes choses doit être plus qu'une personne. D'ailleurs, les chrétiens sont tout à fait d'accord. Mais les chrétiens sont les seuls qui donnent une idée de ce que serait un être au-delà de la personnalité. Tous les autres, même s'ils disent que Dieu est au-delà de la personnalité, pensent en fait qu'il est quelque chose d'impersonnel, c'est-à-dire moins que personnel. Si nous cherchons quelque chose de supra-personnel, nous n'avons pas le choix entre le concept chrétien et d'autres concepts. Ici, l'idée chrétienne est la seule qui existe.

De plus, certains estiment qu'après cette vie, ou peut-être plusieurs vies, les âmes humaines seront « absorbées » en Dieu. Mais lorsqu'ils essaient d'expliquer ceci, ils veulent dire, semble-t-il, que Dieu nous absorberait comme une matière en absorbe une autre. Ils comparent ce phénomène à une goutte d'eau se perdant dans la mer. Naturellement, la goutte disparaît. Si tel est notre devenir ultime, être absorbé revient à cesser d'exister. Seuls les chrétiens ont une idée de la manière dont les âmes peuvent être recueillies dans la vie de Dieu et rester toutefois elles-mêmes – en réalité, être bien plus elles-mêmes qu'auparavant.

Je vous ai averti que la théologie est d'ordre pratique ! Le but suprême de notre existence est d'être ainsi pris dans la vie de Dieu. De fausses idées sur ce qu'est cette vie rendront ce but plus difficile à atteindre. Suivez-moi bien attentivement.

Vous savez que vous pouvez vous déplacer de trois façons différentes : de la droite vers la gauche, de haut en bas, de l'avant vers l'arrière. Tout déplacement se fait dans l'une ou l'autre de ces directions ou en les combinant. Il s'agit des Trois Dimensions. Remarquez maintenant : Si vous n'utilisez qu'une dimension, vous tracez une droite. En utilisant deux dimensions, vous dessinez une figure, un carré par exemple. Et un carré est constitué de quatre droites. Faisons un pas de plus. Avec trois dimensions, on peut réaliser un volume, par exemple un cube – un objet comme un dé ou un morceau de sucre. Et un dé est constitué de six carrés.

Voyez-vous où je veux en venir ? Un monde à une dimension serait une ligne droite. Dans un monde à deux dimensions, on a aussi des droites, mais plusieurs lignes constituent une figure. Dans un monde tridimensionnel, on a aussi des figures, mais plusieurs d'entre elles constituent le volume d'un corps solide. En d'autres termes, au fur et à mesure qu'on atteint des formes plus réelles et complexes, on n'abandonne pas les éléments simples trouvés au début. On les retrouve, mais combinés à d'autres niveaux – à des niveaux que vous n'auriez pas imaginé si vous ne connaissiez que le niveau le plus simple.

Or l'idée de Dieu, pour le chrétien, repose sur le même principe. Le niveau humain est simple et plutôt vide. Sur ce plan-là, une personne est un être, et deux personnes sont deux êtres distincts, comme en deux dimensions, un carré constitue une figure et deux carrés deux figures distinctes. Sur le plan divin, vous trouvez encore des personnalités, mais elles sont combinées de nouvelles façons que nous ne pouvons pas imaginer car nous ne vivons pas sur ce plan-là. Dans cette dimension divine, pour ainsi dire, vous trouvez un être qui est trois Personnes mais qui reste un seul Être, comme un cube constitué de six carrés reste un seul cube. Naturellement, nous ne pouvons pas pleinement imaginer un Être semblable ; de même que si nous ne percevions que deux dimensions dans l'espace, nous ne pourrions pas imaginer un cube. Mais nous pouvons en avoir une certaine idée. Quand nous y parvenons, nous avons alors pour la première fois une idée, si faible soit-elle, de quelque chose de supra-personnel – quelque chose qui est plus qu'une personne. Jamais nous ne l'aurions deviné. Mais une fois qu'on nous le dit, nous avons le sentiment que nous aurions pu le deviner, parce que ça va si bien avec tout ce que nous savons déjà.

On peut se demander : « Si nous ne pouvons pas imaginer un Être en trois Personnes, à quoi sert-il de parler de lui ? » Eh bien, ça ne sert à rien ! L'important, c'est d'être véritablement attiré au sein de cette vie en trois Personnes, ce qui peut commencer à tout moment, ce soir si vous le voulez.

Je précise ma pensée. Un chrétien ordinaire s'agenouille pour prier. Il essaie d'entrer en contact avec Dieu. S'il est vraiment chrétien, il sait que ce désir de prier est inspiré par Dieu qui est, pour ainsi dire, en lui-même. Mais ce croyant sait aussi que toute sa vraie connaissance de Dieu lui vient du Christ, l'homme qui était Dieu – ce Christ se tient près de lui, l'aidant à prier et priant pour lui. Vous voyez ce qui se passe. Dieu est ce que le chrétien prie – le but à atteindre. Dieu est aussi ce qui est à l'intérieur du chrétien et qui le pousse à prier – la force motrice. Dieu est également la route ou le pont sur lequel le chrétien est poussé vers ce but, de sorte que toute cette vie trinitaire de l'Être en trois Personnes est en fait à l'œuvre dans cette chambre ordinaire où un homme ordinaire dit sa prière. L'homme est pris dans les plus hautes sphères de vie – ce que j'ai appelé *Zoé*, la vie spirituelle ; il est tiré en Dieu, par Dieu, mais l'homme reste lui-même.

C'est ainsi qu'a débuté la théologie. On avait déjà une vague connaissance de Dieu, mais un homme a paru, un homme qui proclamait être Dieu. Il n'était pas le genre d'homme qu'on pouvait écarter pour cause d'aliénation mentale. Il agissait de telle manière que les gens croyaient en lui. Ils le rencontrèrent à nouveau vivant, après l'avoir vu mort sur une croix. Puis, après s'être constitués en une sorte de communauté, ils découvrirent Dieu pour ainsi dire en eux-mêmes, les dirigeant et les rendant capables d'accomplir ce qu'ils ne pouvaient accomplir auparavant. Ils réfléchirent à la question et comprirent qu'ils étaient parvenus à la définition chrétienne de Dieu en trois Personnes.

Cette définition, comme vous pouvez le constater, n'est pas une invention. La théologie est en quelque sorte une science expérimentale. Ce sont les religions simples qui sont inventées. J'entends par science expérimentale, une science de même nature que les autres sciences expérimentales, mais pas à tous points de vue. Un géologue étudiant les roches doit aller les ramasser. Elles ne viennent pas à lui s'il ne va pas les chercher. L'initiative lui appartient. Les roches ne pourront ni l'aider ni le perturber dans son travail. Mais supposez que vous soyez un zoologiste qui veut prendre des photos d'animaux sauvages dans leurs repaires ; c'est totalement différent de l'étude des roches. Les animaux sauvages ne viendront pas à vous mais s'enfuiront. Du moins si vous faites du bruit. Il y a comme une amorce d'initiative de leur part.

Passons maintenant à un stade plus élevé. Supposons que vous vouliez faire connaissance avec une personne. Si elle ne le veut pas, vous n'y parviendrez pas. Il faut gagner sa confiance. En ce cas, l'initiative est partagée ; il faut être deux pour que naisse l'amitié.

Quand il s'agit de connaître Dieu, l'initiative lui appartient. S'il ne se révèle pas, rien de ce que vous ferez ne vous permettra de le trouver. Et même, il se manifeste davantage à certaines personnes qu'à d'autres, non parce qu'il a des préférences, mais parce qu'il lui est impossible de se montrer à quelqu'un dont l'esprit et le caractère sont entièrement tournés dans la mauvaise direction. Le soleil n'a pas de préférences, mais il se reflète mieux dans un miroir propre que dans un miroir poussiéreux.

Disons-le autrement. Contrairement aux autres sciences où le scientifique utilise des instruments extérieurs à lui-même (tels les microscopes et les télescopes), l'instrument qui nous permet de voir Dieu, c'est notre être tout entier. Si notre être intérieur n'est pas maintenu net et brillant, notre vision de Dieu sera voilée, comme la lune observée à travers un télescope poussiéreux. C'est pourquoi les horribles nations ont d'horribles religions ; elles ont regardé Dieu à travers une lentille souillée.

Dieu ne peut se révéler tel qu'il est réellement qu'à des hommes réels. C'est-à-dire à des hommes qui sont bons, pris séparément, mais aussi qui sont unis dans un corps : qui s'aiment et s'aident mutuellement, qui manifestent Dieu les uns aux autres. Car c'est ainsi que Dieu a voulu l'humanité ; comme les musiciens d'un orchestre, ou les organes du corps humain.

Par conséquent, le seul instrument efficace pour connaître Dieu est la communauté de chrétiens qui attendent Dieu tous ensemble. La fraternité chrétienne est, pour ainsi dire, l'équipement technique de cette science, le laboratoire. C'est pourquoi tous ces gens qui surgissent, épisodiquement, pour présenter une religion simplifiée à la place de la tradition chrétienne, perdent vraiment leur temps. C'est comme une personne qui, pourvue d'une simple paire de jumelles, prétendrait mettre les astronomes dans le vrai. Aussi intelligente soit-elle, même plus que certains d'entre eux, elle n'aurait aucune chance de succès. Deux ans plus tard tous l'auraient oubliée et la science véritable continuerait à progresser.

Si le christianisme était une invention humaine, on pourrait la rendre plus facile à comprendre. Mais ce n'est pas le cas. On ne peut rivaliser sur le plan de la simplicité avec des gens qui inventent des religions. Comment le pourrions-nous ? Nous nous intéressons aux faits. Évidemment, n'importe qui peut être simple s'il n'a pas de faits dont il doive se soucier.

3

UN TEMPS PAR-DELÀ LE TEMPS

Il serait stupide de penser qu'aucun passage d'un livre ne doive être sauté. Nombreux sont les lecteurs qui le font sans scrupule. Dans le présent chapitre, je vais traiter d'un sujet utile pour certains, mais sans intérêt et rébarbatif pour d'autres. Si vous êtes de ces derniers, sentez-vous libre de passer au chapitre suivant.

Dans le chapitre précédent, j'ai abordé le sujet de la prière. Comme il est encore frais dans nos mémoires, j'aimerais traiter d'une difficulté qui trouble certaines personnes à ce propos. Un homme m'a un jour présenté les choses ainsi : « Je veux bien croire en Dieu, mais on ne me fera pas avaler que Dieu s'intéresse individuellement à des centaines de millions d'êtres humains qui s'adressent à lui en même temps. » Je me suis aperçu que beaucoup de gens tiennent un tel raisonnement.

Il convient de remarquer en premier lieu que la difficulté se trouve dans les mots *en même temps*. La plupart d'entre nous pouvons imaginer Dieu attentif aux nombreux solliciteurs à condition qu'ils se présentent l'un après l'autre et qu'il ait tout son temps pour les écouter. En fait, ce qui nous pose problème, c'est l'idée que Dieu doive s'occuper de mille et une choses dans un même laps de temps.

C'est évidemment ce qui se passe pour nous. Notre vie nous est accordée moment après moment. Un instant disparaît avant qu'un autre le remplace, et on ne peut pas faire grand-chose dans chacun de ces instants. Voilà comment nous vivons le Temps. Bien entendu, vous et moi supposons que cette cadence temporelle – succession du passé, présent et futur – n'est pas seulement la façon dont la vie se présente à nous, mais aussi la façon dont toutes choses fonctionnent. Il est donc logique de penser que tout l'univers et Dieu lui-même se déplacent comme nous du passé vers le futur. Mais beaucoup d'hommes instruits ne sont pas de cet avis. Les théologiens ont émis, les premiers, l'idée que certaines choses sont totalement hors du temps. Plus tard, les philosophes et quelques scientifiques ont repris cette idée.

Très certainement, Dieu est hors du temps. Sa vie ne consiste pas en une succession de moments. Si un million de personnes le prient ce soir à dix heures trente, il n'est pas obligé de les écouter toutes dans ce petit espace de temps que nous appelons dix heures trente. Cet instant précis – et tout autre depuis le commencement du monde – est toujours le présent pour lui. Si vous préférez, il a toute l'éternité pour écouter la prière d'une fraction de seconde lancée par un pilote dont l'avion s'écrase en flammes.

C'est difficile à saisir, j'en conviens. Permettez-moi de vous soumettre un exemple un peu semblable. Supposez que j'écrive un roman : « Marie posa son ouvrage ; l'instant suivant on frappa à la porte ! » Pour Marie qui doit opérer dans le temps imaginaire de mon récit, il n'y a aucun intervalle entre l'abandon de son ouvrage et le coup frappé à la porte. Mais moi, qui suis le créateur de Marie, je ne vis pas du tout dans ce temps imaginaire. Entre les deux parties de la phrase, j'ai pu m'arrêter trois heures et réfléchir profondément à Marie. Peut-être ai-je pensé à Marie comme si elle était le seul personnage du roman et cela aussi longtemps qu'il m'a plu. Les heures ainsi remplies n'apparaîtront pas dans le temps de Marie (le temps imaginaire de l'histoire).

Ce n'est pas une illustration parfaite, évidemment, mais elle peut, à mon sens, donner un aperçu de la vérité. Dieu n'est pas entraîné dans le cours du temps de cet univers, pas plus que ne le serait un auteur dans le temps imaginaire de son roman. Il a une attention infinie à consacrer à chacun d'entre nous. Il n'a pas à s'occuper de nous en bloc. Vous êtes devant lui comme si vous étiez le seul être qu'il ait créé. Quand le

Christ est mort, il est mort *pour vous* individuellement, comme si vous étiez seul au monde.

Voici cependant le point où mon illustration ne fonctionne plus. L'auteur s'évade d'une cadence du temps (celle du roman) pour s'insérer dans une autre (celle de la réalité). Mais Dieu, je le crois, n'est pas prisonnier de quelque cadence de temps que ce soit. Sa vie ne s'écoule pas instant après instant comme la nôtre. Pour lui, c'est – pour ainsi dire – encore l'an 1920 et déjà 2000. Car lui-même est la Vie.

Si vous représentez le temps par une ligne droite le long de laquelle il nous faut progresser, alors il vous faut représenter Dieu par la page entière où la ligne est tracée. Nous avançons le long de la ligne point par point ; nous quittons A avant d'arriver à B, et nous ne pouvons atteindre C tant que nous n'avons pas laissé B derrière nous. Dieu, que l'on situe au-dessus, en dehors ou tout autour, maîtrise toute la ligne et la voit dans son intégralité.

Il vaut la peine de saisir cette idée, car elle supprime quelques difficultés apparentes du christianisme. Avant de devenir chrétien je formulais, parmi d'autres, l'objection suivante : les chrétiens assurent que le Dieu éternel, omniprésent, veillant à la bonne marche de l'univers, s'est un jour fait homme. Fort bien, objectai-je, mais comment s'est comporté alors l'univers quand Jésus n'était qu'un bébé ou quand il dormait ? Comment pouvait-il en même temps être le Dieu qui sait tout et un homme demandant à ses disciples : « Qui m'a touché ? » Notez que le mystère réside dans ces mots relatifs au *temps* : « *quand* il était un bébé » « Comment pouvait-il *en même temps* ? » En d'autres termes, je présumais que la vie du Christ en tant que Dieu se situait dans le temps et que la vie de Jésus-homme en Palestine, était une courte période soustraite à ce temps, comme mon service militaire fut une courte période dérobée à ma vie tout entière. Or, la plupart d'entre nous avons tendance à raisonner ainsi. Nous imaginons que Dieu a vécu à une période où sa vie humaine se situait encore dans l'avenir, puis il est parvenu au présent de cette vie, et enfin il a considéré cette période comme étant du passé. Mais sans doute ces idées ne correspondent-elles en rien à la réalité. On ne peut situer dans le temps la vie terrestre du Christ en Palestine par rapport à sa vie de Dieu, car en tant que Dieu, il se situe au-delà de l'espace et du temps.

Voici à mon avis une vérité intemporelle concernant Dieu : sa nature humaine et son expérience humaine de la faiblesse, du sommeil et de l'ignorance sont – je ne sais comment – comprises dans la globalité de sa vie divine. Cette vie humaine de Dieu est, de notre point de vue, une période particulière dans l'histoire de notre monde (de l'an 1 de l'ère chrétienne jusqu'à la crucifixion). Nous imaginons donc qu'elle est aussi une période dans la propre existence de Dieu. Or, Dieu n'a pas d'histoire. Il est trop complètement réel pour en avoir une, car avoir une histoire signifie perdre une partie de sa réalité (puisqu'elle a déjà glissé dans le passé) sans en avoir gagné une nouvelle (puisqu'elle est encore dans le futur) ; n'avoir en fait que le fugitif petit « présent », qui s'est enfui avant même qu'on ait pu l'évoquer. Dieu nous préserve de penser qu'il en est de même pour lui. Nous pouvons toutefois espérer échapper un jour à cette mesure rationnée du temps.

Si nous croyons Dieu tributaire du temps, une autre difficulté surgit. Tout chrétien croit que Dieu connaît ce que vous et moi allons faire demain. Or, s'il le sait, comment puis-je être libre d'agir autrement ? Eh bien, une fois encore la difficulté naît de notre idée que Dieu progresse le long de la ligne du temps de la même façon que nous, la seule différence étant qu'il peut voir au-delà du moment présent, et que nous ne le pouvons pas. Si Dieu *prévoyait* nos actes à l'avance, je vois mal comment nous pourrions nous y dérober.

Mais supposons que Dieu soit en dehors et au-dessus de la ligne du temps. Dans ce cas, ce que nous appelons « demain » il le voit, comme ce que nous appelons « aujourd'hui ». Pour lui, tous les jours sont « maintenant ». Il ne se souvient pas de ce que vous avez fait hier, il vous voit simplement le faire. Pour vous, hier est derrière vous, pour lui non. Il ne « prévoit » pas ce que vous ferez demain, il vous voit simplement le faire ; car si demain n'est pas encore là pour vous, il est là pour lui. Jamais vous n'avez pensé que vous étiez moins libre de vos actes en ce moment même à cause de la prescience de Dieu. Eh bien, il connaît vos actes de demain précisément de la même façon, parce qu'il est déjà dans ce demain et peut vous observer tout simplement. En un sens, il ne sait pas ce que vous allez faire jusqu'à ce que vous l'ayez fait ; mais le moment où vous l'avez fait est déjà « maintenant » pour lui.

Cette pensée m'a été d'un grand secours. Si elle ne vous aide pas, laissez-la tomber. C'est une « idée chrétienne » car des chrétiens d'une grande sagesse l'ont soutenue et il n'y a rien en elle de contraire au christianisme. Mais elle ne se trouve pas dans la Bible ni dans aucun *credo*. Vous pouvez être un excellent chrétien sans l'accepter ou sans y porter le moindre intérêt.

4

LA SAINE CONTAGION

Pour commencer ce chapitre, je fais appel à votre imagination. Représentez-vous deux livres sur une table, l'un au-dessus de l'autre. Manifestement le livre d'en dessous soutient l'autre. C'est à cause de ce livre du dessous que le second se trouve, disons, trois centimètres au-dessus de la surface de la table au lieu de la toucher. Appelons le livre inférieur A et l'autre B. La position de A conditionne celle de B. Est-ce clair ? Imaginons maintenant que ces deux livres aient toujours occupé ces positions respectives – c'est impossible en réalité, mais cela servira d'illustration. Dans ce cas la position de B aurait toujours été fonction de celle de A. De même la position de A n'aurait pas existé antérieurement à celle de B. Autrement dit, le résultat ne vient pas *après* la cause. D'habitude c'est le contraire : vous mangez une copieuse salade de concombres et vous avez ensuite une indigestion. Mais il n'en est pas ainsi de toutes les causes et de tous les résultats. Vous allez bientôt comprendre pourquoi j'y attache tant d'importance.

J'ai expliqué précédemment que Dieu est un être unique composé de trois Personnes, de la même façon qu'un cube contient six carrés et reste un volume. Or, dès que je tente d'expliquer comment ces trois Personnes sont liées, je dois utiliser des mots donnant l'impression que l'une d'entre elles existait avant les autres. La première Personne est appelée le Père et la seconde le Fils. Nous disons que le premier engendre ou produit le second ; nous disons *engendrer* et non *créer* car ce que le Père produit est de même nature que lui. En ce sens-là, le mot Père est le seul qui convienne. Mais il suggère malheureusement que le Père est là le premier – comme un père humain existe avant son fils. Pourtant ce n'est pas le cas : il n'y a ni avant lui ni après lui. C'est pourquoi j'estime important de clarifier comment une chose peut être source, cause ou origine d'une autre sans avoir existé avant elle. Le Fils existe parce que le Père existe, mais aucun laps de temps ne s'est écoulé avant que le Père n'ait engendré le Fils.

Voici peut-être la meilleure manière de voir la chose. Je vous ai demandé de vous représenter deux livres. Il en est résulté une image mentale. Manifestement, votre acte d'imagination fut la cause et l'image mentale le résultat. Cela n'implique nullement que vous ayez imaginé d'abord et vu l'image ensuite. Les deux ont été simultanés. Votre volonté maintenait l'image dans votre esprit pendant tout ce temps. Toutefois, l'acte de volonté et l'image ont commencé ensemble et ont pris fin simultanément. Maintenant, si un Être d'essence éternelle avait toujours imaginé une chose, son acte aurait produit de tout temps une image mentale, mais l'image aurait été tout aussi éternelle que l'acte lui-même.

Dans le même ordre d'idées, nous devons toujours penser au Fils jaillissant du Père comme la lumière d'une lampe, la chaleur d'un feu, ou les pensées de l'esprit. Il est l'expression même du Père, la voix fidèle du Père. À aucun moment, le Fils n'a cessé de remplir sa fonction. Avez-vous remarqué ce qui se passe ? Toutes ces images de lumière ou de chaleur présentent le Père et le Fils comme deux choses plutôt que deux personnes, si bien qu'après tout, l'image du Père et du Fils offerte par le Nouveau Testament se révèle plus exacte que tout ce que nous essayons de lui substituer. C'est ce qui se produit quand on s'éloigne des mots de la Bible. On a certes le droit de s'en évader un moment afin d'éclaircir un point particulier, mais il faut toujours y revenir. Naturellement, Dieu se décrit lui-même bien mieux que nous ne pourrions le faire. Il sait que la relation Père-Fils se rapproche plus de la relation qui existe effectivement entre la Première et la Seconde Personne que tout ce que nous pouvons imaginer. L'essentiel est de savoir qu'il s'agit d'une relation d'amour.

Le Père prend plaisir en son Fils et le Fils a du respect pour son Père.

Avant de poursuivre, notez l'importance pratique de cette observation. Toutes sortes de gens aiment répéter l'affirmation chrétienne « Dieu est amour ». Mais ils ne semblent pas remarquer que l'expression « Dieu est amour » n'a de sens véritable que si la personne de Dieu comprend au moins deux Personnes. L'amour est un sentiment qu'une personne éprouve pour une autre. Si Dieu est une personne unique, alors avant la création du monde, il n'était pas amour. Naturellement, ce que les gens entendent par « Dieu est amour » est souvent bien différent ; ils veulent dire « l'amour est Dieu ». Ce qu'ils veulent dire, c'est que nos sentiments d'amour, quels que soient leur origine ou leurs résultats, doivent être traités avec grand respect. Peut-être bien, mais quand les chrétiens disent « Dieu est amour » ils entendent tout autre chose. Ils croient que la dynamique vivante de l'amour existe en Dieu depuis toujours et a tout créé.

En ceci, d'ailleurs, réside sans doute la plus grande différence entre le christianisme et les autres religions. Dans le christianisme, Dieu n'est pas une chose statique – pas même une personne – mais une activité dynamique, vibrante, une vie, telle une pièce de théâtre et, si vous ne me jugez pas irrévérencieux, un tourbillon de danse. L'union entre le Père et le Fils est si concrète et si vivante qu'elle est elle-même aussi une Personne. Je sais que c'est presque inconcevable, mais voyons les choses de la manière suivante. Lorsqu'on se réunit dans une famille, un club ou un syndicat, on parle souvent de « l'esprit » de cette famille, de ce club ou de ce syndicat, parce que les individus ainsi réunis se comportent et conversent autrement que lorsqu'ils sont seuls. Ce comportement de groupe peut être meilleur ou pire que le comportement des membres pris individuellement. C'est comme si une personnalité communautaire émergeait du groupe. Bien sûr, il ne s'agit pas vraiment d'une personne, mais c'est plutôt comme une personne. Voilà justement l'une des différences entre Dieu et nous. Ce qui jaillit de la vie « conjointe » du Père et du Fils est une Personne véritable, la troisième des trois Personnes qui sont Dieu.

Dans le langage théologique, cette troisième Personne est appelée le Saint-Esprit ou « l'Esprit » de Dieu. Ne soyez pas inquiet ou surpris si vous trouvez cette expression plus vague ou plus confuse que les deux autres. Il y a, à mon avis, une raison pour qu'il en soit ainsi. Généralement, dans la vie chrétienne, nous ne regardons guère *au* Saint-Esprit. Il agit pourtant toujours à travers nous. Si vous pensez au Père comme à une réalité lointaine et au Fils comme à une personne se tenant à vos côtés, vous aidant à prier et s'efforçant de faire de vous un autre fils, il faudra alors vous représenter la troisième Personne comme étant en vous ou derrière vous. On peut trouver plus facile de commencer par la troisième Personne et ensuite de revenir sur nos pas. Dieu est amour ; cet amour agit au travers des hommes, et particulièrement de la communauté des chrétiens. Mais cet esprit d'amour est, de toute éternité, un amour existant entre le Père et le Fils.

Et maintenant, pourquoi tout cela est-il important ? Croyez-le, ceci est plus important que tout au monde. La danse, la pièce de théâtre ou le scénario de cette vie à trois Personnes doit transparaître en chacun de nous. Ou pour l'exprimer autrement, chacun de nous doit entrer dans la danse ou dans la pièce. Nul autre voie ne mène au bonheur pour lequel nous avons été faits. Les bonnes choses, aussi bien que les mauvaises, sont contagieuses. Si vous désirez avoir chaud, vous restez près du feu ; si vous voulez vous mouiller, vous sortez sous la pluie. Si vous voulez la joie, la puissance, la paix, la vie éternelle, rapprochez-vous de celui qui les possède ou même entrez en lui. Car ces bonheurs ne constituent pas une sorte de récompense que Dieu pourrait tout bonnement offrir, s'il le voulait, à qui que ce soit. Ils sont une grande fontaine d'énergie et de beauté qui jaillit au cœur même de la réalité. Si vous en êtes proche, vous serez éclaboussé, mais si vous vous en éloignez, vous resterez sec.

Une fois qu'un homme est uni à Dieu, comment pourrait-il ne pas vivre à jamais ? Quand un homme est séparé de Dieu, que peut-il faire sinon s'étioler et mourir ?

Mais comment faire pour être uni à Dieu ? Comment est-il possible d'être intégré dans cette vie en trois Personnes ?

Rappelez-vous ce que j'ai écrit au chapitre deux concernant *engendrer* et *créer*. Nous ne sommes pas engendrés par Dieu, mais créés par lui ; du fait de notre nature humaine nous ne sommes pas fils de Dieu, mais seulement, pour ainsi dire, de simples statues. Nous n'avons pas reçu la vie spirituelle de la *Zoé*, mais seulement la *Bios,* la vie biologique qui va vers la décrépitude et la mort. Or voici l'offre exceptionnelle du christianisme : nous pouvons, en laissant Dieu agir, participer à la vie du Christ. Si nous le faisons, nous partagerons alors une vie qui fut engendrée, non créée, qui a toujours existé et existera toujours. Le Christ est le Fils de Dieu. Si nous avons part à ce type de vie nous serons aussi fils de Dieu. Nous aimerons le Père comme le Christ l'aime, et le Saint-Esprit jaillira en nous. Jésus est venu dans ce monde en tant qu'homme afin de communiquer aux autres hommes la sorte de vie qui était en lui. Il l'a fait par ce que j'appelle une « saine contagion ». Chaque chrétien est appelé à devenir un petit christ. Voilà ce que signifie devenir chrétien. Rien d'autre.

5

SOLDATS DE PLOMB OBSTINÉS

Le Fils de Dieu devint homme pour permettre aux hommes de devenir fils de Dieu. Nous ignorons – du moins moi je l'ignore – comment les événements se seraient déroulés si la race humaine ne s'était jamais rebellée contre Dieu et n'avait pas rejoint l'ennemi. Peut-être chaque homme aurait-il été « en Christ », et aurait-il partagé la vie du Fils de Dieu dès sa naissance. Peut-être la *Bios*, vie naturelle, se serait-elle insérée immédiatement, comme allant de soi, dans la *Zoé*, la vie incréée. Mais ce sont là des hypothèses. Ce qui nous intéresse, est la façon dont les choses se passent maintenant.

Mais quelle est la situation actuelle ? Les deux types de vie sont non seulement différents (il en aurait toujours été ainsi) mais même opposés. La vie naturelle en chacun de nous est égocentrique ; elle demande à être cajolée et admirée, à profiter de la vie des autres et à exploiter l'univers. Elle tient surtout à ce qu'on la laisse tranquille : elle veut se tenir éloignée de ce qui serait meilleur, plus fort ou plus élevé qu'elle, de tout ce qui lui ferait sentir sa petitesse. Elle craint la lumière et l'air du monde spirituel, comme les gens élevés dans la saleté ont peur de prendre un bain. En ce sens elle a raison. Elle sait que si la vie spirituelle s'emparait d'elle, tout son égocentrisme et sa volonté propre seraient anéantis et elle est prête à se défendre bec et ongles pour l'éviter.

N'avez-vous jamais rêvé, enfant, que vos jouets prennaient vie ? Imaginons aujourd'hui que vous ayez pu leur donner vie. Imaginez que vous ayez transformé l'un de vos soldats de plomb en un vrai petit homme. Ce serait avoir transformé le plomb en chair ! Mais supposons que ça ne lui plaise pas du tout. Il ne s'intéresse pas à la chair ; tout ce qu'il voit, c'est que vous détruisez le plomb. Il croit que vous le tuez. Il fera tout pour vous en empêcher. Il n'est pas question que vous le changiez, pour autant que ça dépende de lui !

Qu'auriez-vous pu faire pour lui ? Je n'en sais rien. Voici cependant ce que Dieu a fait pour nous. La Deuxième Personne, le Fils, est devenue homme. Il est né dans ce monde comme chacun de nous ; il pesait un certain poids et avait une certaine taille, il avait des cheveux d'une couleur précise et parlait une langue spécifique. L'Être éternel, qui sait tout et a créé l'univers, est devenu un homme, mais avant, il est devenu un bébé, et encore avant, un fœtus dans le sein d'une femme. Pour vous en donner une idée, imaginez que vous deveniez un crabe ou une limace...

Il en est résulté un homme qui était exactement comme Dieu a voulu que les hommes soient : un homme chez qui la vie créée, héritée de sa mère, a parfaitement accepté d'être tansformée en vie engendrée. La créature humaine naturelle en lui fut pleinement absorbée dans le Fils divin. Ainsi, en ce cas unique, l'humanité est « arrivée », pour ainsi dire ; elle est passée dans la vie du Christ. Toute la difficulté pour nous réside dans le fait que la vie naturelle doive être, en un sens, « tuée ». C'est pourquoi le Christ a choisi une carrière terrestre impliquant à tout moment de tuer ses désirs humains – pauvreté, incompréhension de sa propre famille, trahison de l'un de ses amis intimes, railleries et mauvais traitements des autorités, exécution sous la torture. Puis, après avoir été ainsi tué – tué chaque jour en un sens – la créature humaine en lui, du fait qu'elle était unie au Fils divin, est revenue à la vie. L'Homme en Christ est ressuscité, et pas seulement le Dieu. Voilà où je veux en venir. Pour la première fois on a vu un homme véritable. Un soldat de plomb, en vrai plomb, est devenu pleinement et magnifiquement vivant.

Ici, bien entendu, nous atteignons les limites de mon illustration du soldat de plomb. Dans le cas de vrais soldats de plomb, si l'un d'eux prenait vie, manifestement cela ne ferait aucune différence pour les autres. Ils sont séparés les uns des autres. Les êtres humains, eux, ne le sont pas. Ils semblent séparés, indépendants, parce qu'on les voit marcher séparément. Nous sommes ainsi faits que nous voyons seulement le moment présent. Si nous pouvions voir le passé, naturellement, les choses paraîtraient tout autres. Car il fut un temps où chaque homme était une partie intégrante de sa mère, et avant ça, de son père également... et ceux-ci de leurs grands-parents. Si on pouvait voir l'humanité étalée dans le temps comme Dieu la voit, elle ne nous apparaîtrait plus tel un fourmillement d'êtres distincts dispersés çà et là. Elle serait semblable à un arbre aux ramures multiples, une chose unique qui serait en train de grandir. Chaque individu apparaîtrait alors relié à tous les autres. Et pas seulement ça. Les hommes ne sont pas plus séparés de Dieu qu'ils ne le sont les uns des autres. Toute créature, en cet instant, respire et éprouve des sentiments parce que Dieu fait qu'elle continue à « fonctionner ».

Par conséquent, l'incarnation du Christ ne peut pas être comparée à la transformation d'un homme en un soldat de plomb. C'est comme si quelque influence, s'exerçant en permanence sur la race humaine, se mettait, à un moment donné, à affecter la race humaine autrement. Cette nouvelle orientation se répandrait alors à toute l'humanité. Elle agirait sur ceux qui ont vécu avant Jésus-Christ, comme sur ceux qui ont vécu après lui. Elle toucherait aussi tous ceux qui n'ont jamais entendu parler du Christ. C'est comme si on versait dans un verre d'eau une goutte de liquide modifiant le goût ou la coloration de l'ensemble. Évidemment, aucune de ces illustrations ne convient parfaitement. En fin de compte, Dieu n'est autre que lui-même et ce qu'il fait ne ressemble à rien d'autre. Comment pourrait-il en être autrement !

Quel est donc ce changement apporté à l'humanité tout entière ? Le voici simplement : toute cette affaire de devenir fils de Dieu, de passer de l'état d'êtres créés à celui d'êtres engendrés, de muter de la vie biologique éphémère à la vie « spirituelle » éternelle, a été réalisée à notre égard. L'humanité est déjà « sauvée » dans le principe. Chaque individu doit cependant s'approprier ce salut. Mais le travail vraiment difficile – celui que nous ne pouvions pas faire nous-mêmes – a été accompli pour nous. Nous n'avons pas à grimper dans la vie spirituelle par nos propres efforts ; c'est elle qui est descendue dans la race humaine. Si seulement nous nous abandonnons au seul Homme en qui elle est totalement présente et qui, bien qu'il soit Dieu, est aussi vrai homme, il le ferait en nous et pour nous. Souvenez-vous de mes propos sur la « saine contagion ». Un homme de notre race possède cette vie nouvelle. Si nous nous approchons de lui, nous l'« attraperons » de lui.

Naturellement, on peut exprimer cette idée de bien des manières. On peut dire que le Christ est mort pour nos péchés. On peut dire que le Père nous a pardonnés parce que le Christ a fait pour nous ce que nous aurions dû faire. On peut dire que nous sommes lavés par le sang de l'Agneau. On peut dire que le Christ a vaincu la mort. Tout cela est vrai. Si l'une de ces expressions ne vous parle pas, laissez-la et attachez-vous à celle qui vous parle. Quoi qu'il en soit, ne vous querellez pas avec d'autres personnes parce qu'elles parlent en d'autres termes !

6

DEUX NOTES

Afin d'éviter tout malentendu, j'ajoute ici des notes sur deux points soulevés par le chapitre précédent.

1° On m'a demandé un jour : si Dieu voulait avoir pour fils chaque être humain, pourquoi ne les a-t-il pas *engendrés* dès le départ, au lieu de *créer* d'abord des « soldat de plomb » et de leur donner ensuite la vie par un processus difficile et douloureux ? Une partie de la réponse est relativement facile ; l'autre dépasse probablement la connaissance humaine.

Voici la première, très accessible. Le processus de transformation d'une créature en un fils n'aurait été ni difficile ni pénible si la race humaine ne s'était pas détournée de Dieu il y a des siècles. Les humains ont pu le faire parce que Dieu les a dotés d'un libre arbitre. Il le leur a donné parce qu'un monde d'automates ne peut ni aimer, ni par conséquent connaître un bonheur infini.

Venons-en à la seconde partie de la réponse, plus compliquée. Tous les chrétiens sont d'accord qu'il n'existe qu'un seul « Fils de Dieu » au sens propre du terme. Si nous insistons en demandant : « Aurait-il pu y en avoir d'autres ? », nous nous trouvons en eau trop profonde pour nous. L'expression « aurait-il pu » a-t-elle le moindre sens si on l'applique à Dieu ? On peut dire d'une chose finie qu'elle « aurait pu être » différente si quelque chose d'autre l'avait été, et cette autre chose aurait été différente si une troisième l'avait été, et ainsi de suite. (Les caractères de cette page auraient été rouges si l'imprimeur avait utilisé de l'encre rouge, et il l'aurait utilisée s'il en avait reçu l'ordre, et ainsi de suite.) Mais quand on parle de Dieu – c'est-à-dire du Principe Irréductible, du fait Fondamental dont tout dépend – il est absurde d'imaginer qu'il pourrait en être autrement. Ce sont les faits et voilà tout.

Ceci mis à part, j'ai du mal à imaginer un Père engendrant des Fils de toute éternité. Pour être nombreux, ils devraient être quelque peu dissemblables. Deux pièces de monnaie ont la même forme. Comment se fait-il qu'elles soient deux ? Simplement parce qu'elles occupent deux emplacements séparés et contiennent des atomes différents. En d'autres termes, pour les considérer différentes, nous avons dû faire intervenir des notions d'espace et de matière ; en fait, nous avons dû faire intervenir la « Nature », l'univers créé. Je peux comprendre la distinction entre le Père et le Fils sans faire appel à l'espace ou à la matière, parce que l'un engendre et l'autre est engendré. La relation du Père avec le Fils n'est pas la même que celle du Fils avec le Père. Mais s'il y avait plusieurs fils, ils seraient tous liés les uns aux autres et au Père de la même façon. Comment pourraient-ils différer l'un de l'autre ? La difficulté n'apparaît pas à première vue, bien sûr. On pense qu'on peut admettre l'idée de « plusieurs » fils. Mais en y regardant de plus près, je découvre que cette idée m'a paru possible seulement parce que j'imaginais ces fils comme des formes humaines groupées en une sorte d'espace. Autrement dit, je prétendais penser à une chose existant avant la création de l'univers, alors que je m'introduisais malencontreusement dans l'image d'un univers et que j'y introduisais cette chose. Si je cesse de le faire et que j'essaie de penser au Père engendrant beaucoup de fils « avant que le monde soit », je me rends compte que je ne pense à rien du tout. L'idée se dilue en simples mots. (La Nature – espace, temps et matière – aurait-elle été créée afin de rendre possible la multiplicité ? N'existerait-il aucune autre façon d'avoir des esprits éternels, si ce n'est de les créer préalablement dans un univers matériel et de les spiritualiser ensuite ? Dieu seul le sait !)

2° L'idée que la race humaine soit dans un sens une chose unique – un organisme colossal, tel un arbre – ne doit pas être confondue avec l'idée que les différences entre les individus n'ont aucune importance ou que des personnes comme Pierre, Jacques ou Jean ont moins d'importance que toute entité collective, comme des classes sociales, des nations, des races, etc. Il s'agit là de deux conceptions opposées. Les éléments faisant partie d'un même organisme peuvent être différents les uns des autres ; ceux qui ne font partie d'aucun organisme peuvent être très semblables. Six pièces de monnaie sont bien distinctes et très semblables ; mon nez et mes poumons sont très différents mais ne vivent que parce qu'ils font partie de mon corps et partagent la vie commune à tous ces organes.

Le christianisme ne conçoit pas les individus comme de simples membres d'un groupe ou de vulgaires produits présentés dans un catalogue, mais comme les organes d'un corps, différents les uns des autres, chacun apportant son unique contribution. Si la lubie nous prenait de transformer nos enfants, nos élèves ou même nos voisins en des êtres semblables à nous, souvenons-nous que ce n'est pas ce que Dieu a voulu. Nous et eux, sommes des organes différents, créés pour être différents. D'autre part, quand nous sommes tentés de ne pas nous soucier des ennuis d'autrui parce que « ça ne nous regarde pas », n'oublions pas que malgré nos différences, chacun de nous appartient au même organisme. Si nous l'oublions, nous faisons acte d'individualisme. Si j'oublie que cette personne est différente de moi, si je veux supprimer les différences et rendre tous les êtres semblables, je fais du totalitarisme. Or, un chrétien ne doit être ni totalitariste ni individualiste.

J'ai très envie de dire au lecteur – et sans doute désire-t-il aussi me le dire – quelle est la pire de ces deux erreurs. Mais c'est là l'œuvre du démon. Les erreurs qu'il envoie dans le monde vont toujours par paires, ou par paires de contraires. Il nous encourage sans cesse à perdre beaucoup de temps à chercher laquelle des deux erreurs est la pire. Vous voyez pourquoi, n'est-ce pas ? Il espère que notre répulsion pour l'une de ces erreurs nous incitera progressivement à faire l'autre. Mais gardons les yeux fixés sur le but et fonçons droit entre les deux. Aucune des deux erreurs n'est à commettre.

7

FAISONS COMME SI...

Permettez-moi une fois encore de commencer un chapitre par deux images, ou plutôt deux histoires. L'une est l'histoire que vous connaissez tous, *La Belle et la Bête*, où une jeune fille accepte d'épouser un monstre. Elle l'embrasse comme si la Bête était un homme. Alors la Bête, au grand soulagement de la Belle, se transforme en homme et tout se termine fort bien. Dans l'autre histoire, un homme devait porter un masque pour paraître plus beau. Après l'avoir supporté pendant des années, il l'enlève et découvre alors que son visage s'est modelé aux formes mêmes du masque et qu'il est devenu réellement beau. Ce qui au départ était un déguisement est devenu réalité. Je pense que ces deux histoires peuvent aider à illustrer (de façon fantaisiste évidemment) ce que je désire exposer dans ce chapitre. Jusqu'à présent, j'ai essayé de décrire des faits : ce qu'est Dieu et ce qu'il a accompli. Maintenant, je veux parler de l'aspect pratique : que fait-on maintenant ? Cette théologie, en quoi va-t-elle changer ma vie ? Eh bien, elle peut dès aujourd'hui marquer une différence. Si vous avez été poussé à lire jusqu'ici, il vous reste assez d'intérêt sans doute pour tenter de prier, et vous direz probablement la prière que Jésus a enseignée à ses disciples.

Cette prière commence par *Notre Père*. Voyez-vous maintenant ce que ces termes signifient ? Ils veulent dire, sans détours, que vous vous mettez à la place d'un fils ou d'une fille de Dieu. Pour parler net, *vous vous déguisez en Christ*. Ou, si vous préférez, vous faites semblant. Bien entendu, dès l'instant où vous prenez conscience du sens de ces mots, vous réalisez aussi que vous n'êtes pas un fils ou une fille de Dieu. Vous n'êtes pas un être comme le Fils de Dieu, dont la volonté et les intérêts sont à l'unisson de ceux du Père. Vous êtes plutôt un paquet de craintes, d'espoirs, de convoitises, de jalousies et de suffisance, tous voués à la mort. S'habiller en Christ vous paraît alors d'une insolence ! Mais, aussi étrange que cela puisse paraître, Dieu nous a ordonné d'agir ainsi.

Pourquoi ? À quoi bon feindre ce qu'on n'est pas ? Eh bien, même sur le plan humain, il existe deux types de simulations. Il y a la mauvaise façon de simuler, où l'illusion remplace la réalité (tel un homme qui, au lieu de venir immédiatement à votre aide, prétendrait seulement qu'il va le faire). Mais il y a aussi une bonne façon de simuler, où l'illusion conduit à la réalité. Quand vous n'avez pas particulièrement envie d'être amical avec quelqu'un mais savez que vous le devez, le mieux à faire est, très souvent, d'adopter une attitude amicale et de vous comporter comme si vous étiez plus aimable que vous ne l'êtes réellement. Bientôt, comme nous l'avons tous constaté, vous vous sentirez plus amical. Très souvent, la seule façon d'acquérir une qualité est de se comporter comme si on la possédait déjà. C'est pourquoi les jeux des enfants revêtent une telle importance. Les enfants contrefont toujours les adultes – jouant aux soldats, à la marchande. Ils durcissent leurs muscles et aiguisent leur intelligence, de sorte que leur prétention d'être adultes les aide pour de bon à grandir.

Dès l'instant où vous vous dites : « Me voilà déguisé en Christ », vous voyez très probablement comment le jeu pourrait devenir un peu plus réalité. Vous découvrez des choses dans votre esprit qui n'y auraient pas leur place si vous étiez réellement un fils de Dieu. Eh bien, ne les tolérez pas ! Peut-être même prenez-vous conscience qu'au lieu de prier, vous feriez mieux d'écrire une lettre ou d'aider votre femme à faire la vaisselle. Alors, allez-y !

Vous voyez ce qui se passe ? Le Christ lui-même, le Fils de Dieu qui est homme (comme vous) et qui est Dieu (comme son Père) est vraiment près de vous à cet instant, commençant à transformer votre déguisement en réalité. Ce n'est pas seulement une façon fantaisiste de dire que votre conscience est en train de vous indiquer la conduite à suivre. Vous n'obtiendrez pas la même réponse si vous interrogez votre conscience que si vous vous rappelez que vous êtes en train d'imiter le Christ. Il y a quantité de choses que notre conscience ne juge pas franchement mauvaises (surtout nos pensées) mais que nous ne voulons pas continuer à faire si nous voulons sérieusement être comme le Christ. Car nous ne raisonnons plus alors simplement en termes de bien ou de mal ; nous tâchons d'attraper la saine contagion d'une Personne. C'est comme si on peignait un portrait plutôt que d'observer un ensemble de règles. Et, fait étonnant, c'est beaucoup plus difficile que de suivre des règles, mais aussi beaucoup plus facile.

Le véritable Fils de Dieu se tient à vos côtés. Il a commencé à vous transformer en une personne qui lui ressemble. Il a commencé, pour ainsi dire, à injecter en vous une nouvelle vie, une nouvelle pensée, qui sont les siennes (*Zoé*). Il a commencé à changer le soldat de plomb que vous êtes en personne vivante. La partie en vous qui n'apprécie pas cette mutation, c'est le plomb qui est encore présent.

Certains peuvent penser que ceci ne ressemble en rien à leur propre expérience. Peut-être se disent-ils : « Je n'ai jamais eu l'impression d'être secouru par un Christ invisible mais j'ai souvent reçu l'aide d'autres humains. » Une telle attitude serait semblable à celle d'une femme qui, lors de la première guerre mondiale, disait n'être pas concernée par le manque éventuel de pain car, chez elle, on mangeait toujours des biscottes. S'il n'y avait pas de pain, il n'y avait pas davantage de biscottes ! Si on ne recevait aucun secours du Christ, il n'y aurait aucun secours à attendre des humains. Le Christ travaille en nous de maintes manières, et pas seulement au moyen de ce que nous croyons être notre « vie religieuse ». Il œuvre au travers de la nature, par notre propre corps, par des livres, parfois par des expériences qui semblent, à ce moment-là, *anti*-chrétiennes. Lorsqu'un jeune homme, ayant fréquenté l'église par routine, se rend compte qu'il ne croit pas au christianisme et cesse d'assister au culte – s'il le fait par honnêteté et non simplement pour agacer ses parents – l'esprit du Christ est sans doute plus près de lui que jamais auparavant. Mais par-dessus tout, le Christ travaille en nous au travers des autres.

Les hommes, tels des miroirs, sont des « messagers » du Christ auprès de leurs semblables, mais n'en sont pas toujours conscients. Cette « saine contagion » peut nous être transmise par des personnes qui n'en sont pas porteuses. J'ai moi-même été conduit au christianisme par l'intermédiaire d'incroyants. Mais habituellement, ce sont ceux qui connaissent le Christ qui l'apportent aux autres. C'est pourquoi l'Église – l'ensemble des chrétiens manifestant Christ les uns aux autres – a tellement d'importance. On pourrait dire que lorsque deux chrétiens suivent le Christ ensemble, il n'y a pas deux fois plus de christianisme, mais seize fois plus !

N'oublions pas ceci. Tout comme il est naturel qu'au début un bébé absorbe le lait maternel sans connaître sa mère, il est naturel aussi de voir celui qui nous aide, sans voir le Christ qui est à l'œuvre. Mais nous ne devons pas rester des bébés. Il faut avancer et reconnaître le vrai Bienfaiteur. Ce serait pure folie de ne pas le reconnaître, car cela reviendrait à s'appuyer sur des créatures humaines. Un jour ou l'autre on serait déçu. Les meilleurs des hommes font des erreurs et tous mourront un jour. Nous devons être reconnaissants envers ceux qui nous ont aidés, les honorer et les aimer, mais jamais faire dépendre toute notre foi d'un être humain, fût-il le meilleur et le plus sage. De belles choses peuvent être réalisées avec du sable, mais il vaut mieux ne pas essayer de construire une maison dessus !

Nous commençons maintenant à comprendre ce dont parle le Nouveau Testament. Il dit des chrétiens qu'ils sont « nés de nouveau », qu'ils ont « revêtu le Christ », que le Christ est « formé en nous » et que « nous avons la pensée de Christ ».

Chassez de votre esprit l'idée que ce n'est qu'une manière imagée de parler pour inciter les chrétiens à mettre en œuvre les paroles du Christ, comme on lirait les écrits de Platon ou de Karl Marx pour essayer de les mettre en œuvre. Non, les paroles de Jésus signifient bien plus que cela. Elles prétendent qu'une Personne réelle, le Christ, est ici et à cette heure même, dans cette pièce où vous priez, et qu'il est en train de faire quelque chose en vous. Certes, c'est un homme bon qui est mort voici deux mille ans, mais la question n'est pas là. C'est surtout un Homme vivant, toujours autant homme que vous, et toujours autant Dieu que lorsqu'il a créé le monde, qui vient interférer dans votre être. Il fait mourir en vous la vieille nature pour la remplacer par ce qu'il est lui, tout d'abord épisodiquement, puis pour de plus longues périodes. Enfin, si tout va bien, il vous transforme définitivement en un être d'un autre ordre, en un petit christ, une créature qui, modestement, possède le même type de vie que Dieu. Vous participez alors à sa puissance, à sa joie, à sa connaissance et à son éternité. Ceci nous conduit alors vers deux autres découvertes.

1° Nous commençons à prendre conscience, non seulement de nos différents péchés, mais aussi de notre propension au péché ; à nous alarmer non seulement de ce que nous faisons, mais de ce que nous sommes. Ceci peut vous paraître plutôt difficile, aussi vais-je préciser ma pensée en m'appuyant sur un témoignage personnel. À l'heure de ma prière du soir, lorsque je fais le compte de mes péchés du jour, ceux-ci proviennent neuf fois sur dix d'un manque de charité : j'ai boudé, rabroué, raillé, ricané, snobé ou fulminé. L'excuse qui vient immédiatement à mon esprit, c'est que j'ai été pris par surprise ; on m'a provoqué ; n'étant pas sur mes gardes, je n'ai pas eu le temps de me ressaisir. Certes, ce peut être là une circonstance atténuante dans certains cas ; mes mauvaises réactions auraient été manifestement plus répréhensibles si elles avaient été délibérées et préméditées. D'un autre côté, il est évident que prendre un homme à l'improviste est le meilleur moyen de connaître à qui l'on a affaire. L'acte spontané, avant qu'on ait eu le temps de faire semblant, est révélateur. S'il y a des rats dans une cave, il est fort probable que vous les verrez si vous y entrez brusquement. Mais l'intrusion brutale ne crée pas les rats, elle les empêche seulement d'aller se cacher. De même, la soudaineté de la provocation ne fait pas de moi un homme de mauvais caractère, elle le démontre seulement. Les rats sont toujours dans la cave, mais si vous entrez en criant bruyamment ils se seront mis à couvert avant que vous ayez eu le temps d'éclairer. Apparemment, les rats du ressentiment et de la domination sont toujours là, présents dans la cave de mon âme, mais cette cave reste hors d'atteinte de ma volonté consciente. Je peux dans une certaine mesure contrôler mes actes, mais je ne peux exercer aucun contrôle direct sur mon tempérament. Et si (comme je l'ai déjà dit) ce que nous sommes importe plus que ce que nous faisons – même si ce que nous faisons importe parce qu'il manifeste ce que nous sommes – alors le changement dont j'ai le plus besoin est une transformation irréalisable par mes efforts directs et volontaires. Ceci s'applique également à mes bonnes actions. Combien d'entre elles furent accomplies pour le bon motif ? Combien le furent par crainte de l'opinion d'autrui ou par désir de me mettre en vedette ? Combien ont pour origine une sorte d'obstination ou un sentiment de supériorité qui, en d'autres circonstances, auraient pu conduire à des actes tout à fait répréhensibles ? Mais je ne peux, par un effort moral direct, me donner à moi-même d'autres motivations. Après les premiers pas dans la vie chrétienne, nous prenons conscience que tout ce qui doit être fait dans notre âme ne peut l'être que par Dieu. Ceci nous amène à une notion sans doute mal comprise jusqu'à présent dans ce livre.

2° J'ai parlé comme si c'était nous qui faisions tout. En réalité, bien entendu, c'est Dieu qui fait tout. Nous nous prêtons tout au plus à cette action sur nous. En un sens, on pourrait même dire que c'est Dieu qui fait semblant. Le Dieu en trois Personnes voit en nous, pour ainsi dire, un animal humain égocentrique, avide et rebelle. Il dit : « Faisons comme s'il était notre fils et non une simple créature. Cette créature est semblable au Christ dans la mesure où elle est Homme, car Christ est devenu Homme. Faisons comme si elle était semblable au Christ aussi en Esprit. Traitons-la comme si elle était ce qu'en fait elle n'est pas. Faisons semblant, afin de changer le jeu en réalité. » Dieu vous considère comme si vous étiez un petit christ : le Christ se tient auprès de vous pour vous transformer. J'imagine que cette idée de Dieu qui « fait semblant » vous paraît bizarre. Mais l'est-elle vraiment ? N'est-ce pas toujours ainsi que ce qui est supérieur élève ce qui est inférieur ? Une mère apprend à son bébé à parler en lui parlant comme s'il la comprenait, bien avant qu'il comprenne. Nous traitons nos chiens presque comme des humains ; c'est pourquoi ils finissent par devenir presque « humains » !

8

LE CHRISTIANISME EST-IL EXIGEANT OU FACILE ?

Au chapitre précédent, nous avons étudié l'idée chrétienne de « revêtir le Christ » ou de « s'habiller » en fils de Dieu pour, en fait, le devenir véritablement. Il ne s'agit pas là, vous comprenez bien, d'un des nombreux devoirs chrétiens ou d'un exercice particulier pour passer dans une classe supérieure. C'est le christianisme lui-même. Il n'offre rien d'autre. Et j'aimerais montrer comment il se distingue des notions habituelles de « moralité » ou de « convenance ».

Voici l'idée habituelle que nous avons avant de devenir chrétien. Nous prenons comme point de départ notre « moi » habituel et ses désirs. Enuite, nous admettons que ce que nous appelons moralité ou convenance a des droits sur nous, des droits qui vont à l'encontre de nos désirs. Ce que nous appelons « bien se comporter » signifie se soumettre à ces droits. Plusieurs des choses que le moi ordinaire voudrait faire se trouvent être « mauvaises ». Il faut donc y renoncer ! D'autres choses, que notre moi ne voudrait pas faire, se trouvent être « bonnes ». Il faut donc les faire ! Mais, en même temps, nous espérons qu'une fois ces exigences satisfaites, le pauvre moi naturel aura encore la possibilité et le temps de poursuivre sa propre vie et d'agir à sa guise. Nous sommes comme un honnête citoyen payant ses impôts. Il les paie effectivement, mais il espère bien qu'il lui restera assez d'argent pour vivre. Et ceci parce que nous prenons encore comme point de départ notre moi naturel.

Aussi longtemps que nous raisonnons ainsi, nous finissons soit par renoncer à essayer d'être bons, soit par être vraiment malheureux. Car, ne nous y trompons pas, si nous essayons réellement de satisfaire toutes les exigences adressées à notre moi naturel, il ne lui restera plus rien en propre. Plus nous obéirons à notre conscience, plus elle se montrera exigeante à notre égard. Notre moi naturel sans cesse affamé, brimé et contrarié, rechignera de plus en plus. À la fin, soit on renonce à essayer d'être bon, soit on devient l'un de ces individus qui, comme on dit, « vivent pour les autres » mais qui, toujours mécontents et grognons, se prennent pour des martyrs et déplorent continuellement que leur dévouement ne soit pas mieux reconnu. On est alors une vraie peste pour quiconque doit vivre avec nous, bien plus détestable que si l'on était franchement égoïste.

La voie chrétienne est différente, plus rigoureuse et plus facile. Le Christ dit : « Donne-moi tout. Ce n'est pas une portion de ton temps, de ton argent ou de ton travail qui m'intéresse mais c'est TOI. Je ne suis pas venu pour torturer ton être naturel mais pour le tuer. Aucune demi-mesure n'est valable. Je ne viens pas couper une branche ici ou là. Je veux voir l'arbre tout entier abattu. Je ne veux pas plomber ou couronner une dent après l'avoir forée à la roulette, mais je veux l'extraire. Livre-moi tout ton être naturel et les désirs que tu penses innocents et ceux aussi que tu reconnais coupables – toute la panoplie. En échange, je te donnerai un nouveau moi. En fait, je me donnerai moi-même ; ma propre volonté deviendra la tienne. »

C'est difficile mais plus aisé que ce que nous essayons tous de faire. Vous avez remarqué, je l'espère, que le Christ lui-même décrit parfois la voie chrétienne comme étant très pénible, d'autres fois très facile. « Chargez-vous de votre croix », dit-il. En d'autres termes, c'est comme si on était battu à mort dans un camp de concentration. Mais la minute suivante il déclare : « Mon joug est aisé et mon fardeau léger. » Les deux déclarations sont vraies et sont l'expression de sa pensée.

Les enseignants vous diront que le garçon le plus paresseux de la classe est celui qui, en fin de compte, travaille le plus. Voici pourquoi : si vous demandez à deux garçons d'apprendre un théorème de géométrie, celui qui est prêt à se donner du mal essaiera de le comprendre. Le paresseux tâchera de le retenir par cœur car, sur le moment, c'est moins difficile. Mais six mois plus tard, alors qu'ils se préparent pour un examen, le paresseux travaillera péniblement pendant des heures et des heures sur des notions que l'autre garçon aura déjà comprises et qu'il étudiera joyeusement en quelques minutes. À long terme, la paresse implique donc plus de travail. Prenons un autre exemple. Dans une bataille ou dans l'ascension d'une montagne, il y a souvent un moment qui exige de l'audace ; mais c'est aussi, à la longue, la chose la plus sûre. Si l'on s'y soustrait, on se trouve, des heures plus tard, en bien plus mauvaise posture. La couardise fait courir un plus grand danger.

Il en est de même dans le domaine spirituel. La chose la plus pénible, quasiment impossible, c'est de livrer notre « moi » au Christ, nos désirs et nos précautions. Mais c'est beaucoup plus facile que tout ce que nous essayons de faire à la place. Car, tout en voulant être bons, nous voulons rester ce que nous appelons « nous-mêmes » pour continuer à faire de notre bonheur personnel le grand but de notre vie. Nous essayons tous de laisser notre esprit et notre cœur suivre leur propre voie – centrés sur l'argent, le plaisir ou l'ambition – tout en gardant l'espoir de nous comporter honnêtement, sobrement et humblement. Or, c'est justement ce que le Christ nous avertit de ne pas faire : un chardon ne peut produire des figues. Si je suis une prairie, je ne puis fournir du blé. Même si je coupe l'herbe à ras, elle produira toujours de l'herbe. Pour produire du blé, le changement doit se faire en profondeur, sous terre. Il faut que je sois labouré et ensemencé.

C'est pourquoi le vrai problème de la vie chrétienne survient là où on ne le cherche pas habituellement. Il surgit au moment même où on se réveille le matin. Tous les souhaits et les espoirs pour la journée qui s'ouvre nous assaillent comme des animaux sauvages. La première tâche, chaque matin, consiste simplement à les repousser tous, à écouter une autre voix, pour adopter un autre point de vue qui laissera une vie plus vaste, plus forte, plus paisible, entrer en nous. Et ceci toute la journée. Nous tenir à l'écart des inquiétudes et des tracas naturels ; rester à l'abri du vent.

Au début, nous n'y parviendrons qu'épisodiquement. Mais c'est à partir de ces moments-là que la nouvelle vie va s'étendre à tout notre être, parce que maintenant nous laissons le Christ travailler au bon endroit. C'est la différence entre une peinture simplement étalée sur une surface et une teinture ou une tache qui imprègnent tout. Le Christ ne s'est jamais complu dans un bavardage vague et idéaliste. Quand il dit : « Soyez parfaits », c'est bien ce qu'il a voulu dire. Il faut suivre le traitement jusqu'au bout. C'est contraignant, mais le compromis auquel nous soupirons est plus dur encore – et même impossible. Sans doute est-il difficile pour un œuf de se transformer en oiseau mais ce serait drôlement plus ardu pour lui d'apprendre à voler en restant un œuf ! Nous sommes à présent comme des œufs, et l'on ne peut rester indéfiniment un simple œuf, un œuf qui se respecte. Soit on est couvé soit on pourrit.

Permettez que je me répète. C'est cela le christianisme. Il n'y en pas d'autre. Il est si aisé de s'embrouiller là-dedans. Il est facile de penser que l'Église présente une large palette d'objectifs : l'éducation, les édifices religieux, la mission, les services religieux. Il est normal de supposer que l'État a de multiples objectifs : militaires, politiques, économiques, etc. mais, dans un sens, les choses sont beaucoup plus simples. L'État existe tout simplement pour promouvoir et protéger le bonheur ordinaire des humains. Un couple bavardant au coin du feu, des amis jouant à la belote dans un café, un homme lisant un bon livre chez lui ou cultivant son jardin, c'est pour tout cela que l'État existe. Et, à moins de contribuer à accroître, à prolonger et à protéger de tels moments, les lois, les parlements, les armées, les tribunaux, la police, l'économie, etc. perdent leur temps. De même, l'Église n'existe pour rien d'autre que pour attirer les hommes au

Christ, les transformer en petits christs. Si ce n'est pas le cas, les cathédrales, le clergé, les missions, les sermons, même la Bible seraient une simple perte de temps. Dieu est devenu Homme dans ce but. Je doute même que tout l'univers ait été créé dans un autre but. Il est écrit dans la Bible que tout l'univers a été fait pour le Christ et que toutes choses seront réunies en lui. Je doute qu'aucun d'entre nous sache comment ceci se produira, pour ce qui concerne l'univers. Nous ne savons pas ce qui vit (si toutefois il y a une vie) dans les parties de cet univers situées à des millions de kilomètres de nous. Même sur cette terre, nous ignorons comment cette vérité s'applique aux éléments autres que les hommes. C'est bien normal après tout. Le plan de Dieu nous a été révélé seulement pour ce qui nous concerne.

J'aime quelquefois imaginer comment elle s'appliquerait aux autres choses. Je crois voir les animaux domestiques comme attirés dans l'Homme quand celui-ci les aime et les rend plus humains qu'ils ne le seraient autrement. Je peux même voir les choses inertes et les plantes attirées dans l'Homme quand il les étudie, s'en sert et les apprécie. S'il existait des créatures douées de raison dans d'autres mondes, elles pourraient agir de la même façon dans leur propre environnement. Lorsque des créatures intelligentes entreront en Christ, elles entraîneront peut-être tout dans leur sillage. Je ne sais pas, je ne fais qu'imaginer...

Ce qu'on nous a dit, c'est comment nous, les humains, nous pouvons être attirés dans le Christ – devenir participants de ce merveilleux cadeau que le jeune Prince de l'Univers veut offrir à son Père – ce cadeau qui est lui-même, et donc nous en lui. C'est dans cet unique but que nous avons été créés. Plusieurs fois dans la Bible, nous trouvons d'étranges et magnifiques allusions au fait que, lorsque nous serons attirés en Christ, bien d'autres choses dans la nature commenceront à se rétablir. Le mauvais rêve prendra fin. Ce sera le matin.

9

CALCULER LA DÉPENSE

Beaucoup de personnes ont été tracassées par ce que j'ai dit précédemment concernant les paroles de notre Seigneur : « Soyez parfaits ». Certains semblent penser qu'elles signifient : « À moins que vous ne soyez parfaits, je ne vous viendrai pas en aide » ; et comme nous ne pouvons pas être parfaits – si c'est ce qu'il voulait dire – alors notre situation est désespérée. Mais je ne crois pas que c'est ce qu'il voulait dire. Ses paroles signifiaient plutôt : « Le seul secours que je vous donnerai est une aide pour devenir parfaits. Peut-être êtes-vous plus modestes dans vos exigences, mais je ne vous donnerai rien de moins. »

Je m'explique. Quand j'étais enfant, j'avais souvent mal aux dents. Je savais que si j'allais trouver ma mère, elle me donnerait un calmant qui m'aiderait à dormir. Mais, tant que la douleur était supportable, je préférais ne rien demander et j'avais mes raisons, car une fois au courant de mon mal, ma mère se sentirait obligée, le lendemain matin, de me conduire chez le dentiste ! Je ne pouvais obtenir d'elle ce dont j'avais besoin sans échapper à autre chose que je ne voulais pas. Je désirais le soulagement immédiat de la douleur, mais je ne pouvais en bénéficier sans des soins dentaires. Or je connais bien ces dentistes : une fois en route avec leurs instruments, ils se mettent toujours en devoir de soigner des dents qui ne font pas encore souffrir. Ils ne peuvent pas laisser les gens tranquilles. Donnez-leur le petit doigt et ils s'emparent du bras !...

Eh bien, si vous permettez, notre Seigneur leur ressemble. Donnez-lui votre petit doigt et il s'emparera de votre bras. Beaucoup de gens vont à lui pour être guéris de quelque péché dont ils ont honte (comme la masturbation ou une phobie particulière) ou qui manifestement empoisonne leur vie (comme les éclats de colère ou l'ivrognerie). Mais attention ! fort de guérir ce péché, le Christ ne s'arrêtera pas là. C'est tout ce que vous avez demandé. Mais une fois que vous avez fait appel à lui, il vous imposera le traitement complet.

C'est pourquoi il avertit chacun de « calculer la dépense avant de devenir chrétien ». « Ne vous y trompez pas, prévient-il. Si vous me laissez agir, je vous rendrai parfaits. Dès l'instant où vous vous remettez entre mes mains, c'est ce qui vous attend. Rien de moins. Vous disposez d'un libre arbitre et vous pouvez me rejeter. Mais si vous ne me repoussez pas, sachez bien que j'irai au bout de mon travail. Quelle que soit la souffrance que cela pourra vous causer, quelle que soit l'inconcevable purification qu'il vous en coûtera après la mort, et quel que soit le prix qu'il m'en coûtera, je ne prendrai pas de repos et je ne vous en laisserai pas jusqu'à ce que vous soyez parfaits ! Jusqu'à ce que mon Père puisse déclarer sans réserve qu'il est content de vous, comme il l'a dit de moi. Je peux le faire et je le ferai. Mais je ne me contenterai de rien de moins. »

Néanmoins – et c'est l'autre côté de cette vérité, aussi important que le premier – cet ami secourable qui, au bout du compte, ne se satisfera de rien de moins que de la perfection absolue, se réjouira aussi du premier effort hésitant et chancelant que vous ferez demain en accomplissant le devoir le plus ordinaire. Ainsi qu'un grand écrivain chrétien, George MacDonald, l'a fait remarquer : « Si un père est heureux du premier pas chancelant de son enfant, il n'en exigera pas moins une marche assurée, libre et virile de son fils adulte. » De même, a-t-il ajouté : « Il est aisé de plaire à Dieu mais très difficile de le satisfaire. »

La conclusion pratique est la suivante : l'exigence de Dieu quant à la perfection ne doit nullement vous décourager dans vos tentatives de faire le bien, ou même dans vos échecs actuels. Chaque fois que vous tomberez, il vous relèvera. Il sait parfaitement que vos efforts ne vont jamais vous amener à la perfection. Mais prenez bien conscience dès le départ que le but vers lequel il a commencé à vous guider est la perfection absolue. Aucune puissance dans tout l'univers, si ce n'est vous, ne peut empêcher Dieu de vous y conduire. C'est ce à quoi vous êtes engagé, et il est très important de s'en rendre compte. Si nous ne le faisons pas, il est fort probable qu'au bout d'un certain temps, nous commencions à régresser et à résister au Christ. Il suffit qu'il nous ait rendus capables de vaincre un ou deux péchés qui étaient un tourment évident pour qu'aussitôt, nous soyons enclins à penser (même sans l'exprimer) que nous sommes assez vertueux maintenant. Puisqu'il a accompli tout ce que nous voulions qu'il fasse pour nous, qu'il veuille bien désormais nous laisser tranquilles ! « Je n'ai jamais voulu devenir un saint mais seulement un type bien. » Et ce disant, nous imaginons que nous faisons preuve d'humilité...

Or, c'est là l'erreur fatale. Bien entendu, nous n'avons jamais souhaité d'être transformés en cette sorte de créature que Dieu est décidé à faire de nous. Mais la question n'est pas de savoir ce que nous avions l'intention d'être, mais son intention à lui à notre égard quand il nous a créés. C'est lui l'inventeur et nous, seulement la machine. Il est le peintre, nous sommes le tableau. Comment saurions-nous son intention à notre égard ? Voyez-vous, il nous a déjà rendus très différents de ce que nous étions. Longtemps avant notre naissance, encore blottis dans le sein maternel, nous sommes passés par diverses étapes. D'abord semblables à des végétaux, nous sommes ensuite devenus comme des poissons ; ce n'est que dans une phase plus tardive que nous avons ressemblé à des bébés humains. Et si, lors de ces premières étapes, nous avions été conscients, j'ose affirmer que nous aurions été pleinement satisfaits de rester ce que nous étions. Le besoin de devenir des bébés ne nous serait pas même venu à l'esprit. Mais Dieu ne cessait d'avoir un projet pour nous et il était décidé à le mettre à exécution. Un phénomène identique se produit maintenant à un niveau plus élevé. Nous pouvons nous contenter de rester ce que nous appelons des « gens ordinaires », mais Dieu est décidé à conduire à bien un plan totalement différent. Se soustraire à son dessein n'est pas de l'humilité, c'est de la paresse ou de la lâcheté. S'y soumettre n'est pas de l'orgueil ou de la mégalomanie, c'est de l'obéissance.

Voici une autre façon de présenter les deux côtés de cette vérité. D'une part, n'imaginons jamais pouvoir compter sur nos propres efforts pour nous conduire, même pendant vingt-quatre heures, en personnes convenables. Si le Christ ne nous soutient pas, aucun de nous n'est à l'abri de quelque péché flagrant. D'autre part, aucun niveau de sainteté ou d'héroïsme jamais atteint par les plus grands saints ne dépasse ce que le Christ est décidé au bout du compte à produire en nous. Cette œuvre ne sera pas achevée dans cette vie, mais le Christ désire nous y entraîner le plus loin possible.

C'est pourquoi ne soyons pas surpris si nous encourrons des difficultés. Quand un homme se tourne vers le Christ et semble maintenant aller bien (puisque certaines de ses mauvaises habitudes sont corrigées), il a souvent le sentiment qu'il serait normal désormais que tout aille comme sur des roulettes. Si les ennuis surgissent – maladie, manque d'argent, nouveaux types de tentation – il est déçu. Ces épreuves, pense-t-il, auraient pu être nécessaires pour l'inciter au repentir dans ses jours mauvais d'autrefois, mais pourquoi maintenant ? Parce que Dieu l'oblige à aller plus loin, à un niveau plus élevé. Il le place dans des situations où il devra faire preuve de bien plus de courage, de patience ou d'amour, dont il n'aurait jamais rêvé faire preuve. Ceci nous paraît tout à fait inutile parce que nous n'avons pas la moindre notion de l'être formidable qu'il veut faire de nous.

Je veux maintenant emprunter une autre parabole à George Mac-Donald. Imaginez un instant que vous soyez une maison vivante et que Dieu ait l'intention de rebâtir cette maison. Au début, peut-être comprenez-vous ce qu'il est en train de faire. Vous savez que les réparations sont indispensables et vous n'êtes pas surpris de le voir remettre les gouttières en état ou colmater les fuites du toit. Mais il en vient bientôt à taper partout dans la maison et ça fait très mal et ça n'a pas de sens à vos yeux. « Que fait-il donc ? » pensez-vous. La réponse est qu'il érige une demeure entièrement différente de ce que vous auriez cru, ajoutant une aile ici, surélevant un étage là, élevant des tourelles, créant des cours. Vous pensiez qu'il allait vous transformer en un petit pavillon coquet, mais Dieu est en train de faire de vous un palais pour venir lui-même l'habiter.

Le commandement *Soyez parfaits* n'est ni un bla-bla-bla idéaliste, ni un ordre d'accomplir l'impossible. Le Christ veut nous transformer en créatures capables d'obéir à ce commandement. Il a dit (dans la Bible) que nous étions des « dieux » et il tiendra sa parole. Si nous le laissons agir (nous pouvons choisir de l'en empêcher), il transformera le plus médiocre et le plus sale d'entre nous en un dieu ou une déesse, créature éblouissante, rayonnante, immortelle, vibrante d'énergie, de joie, d'amour et de sagesse. Tel un miroir brillant et sans tache, nous réfléchirons parfaitement l'image de Dieu (mais bien sûr à une plus petite échelle), sa puissance illimitée, sa félicité et sa bonté. Le processus sera long et parfois très douloureux, mais c'est sur cette voie que nous sommes engagés. Rien de moins. Il pensait vraiment ce qu'il disait.

10

BRAVES GENS OU HOMMES NOUVEAUX ?

Oui, ce que le Christ a dit, il le pense. Ceux qui s'abandonnent à lui deviendront parfaits, comme il est lui-même parfait – en amour, sagesse, joie, beauté et immortalité. Ce processus de changement ne s'achèvera pas dans cette vie car la mort est une phase importante de cette transformation. Jusqu'à quel point un chrétien sera-t-il changé avant de mourir ? Nul ne le sait.

Voici le moment de considérer une question souvent posée : si le christianisme est vrai, pourquoi les chrétiens ne sont-ils pas tous meilleurs que les incroyants ? Ce qui se cache derrière une telle question est à la fois sensé et absurde. Sensé parce que, si la conversion d'un individu au christianisme ne produit aucune amélioration dans ses actes et s'il reste aussi snob ou méprisant, envieux ou ambitieux qu'autrefois, alors on peut soupçonner que sa conversion était en grande partie imaginaire. C'est précisément le test auquel le chrétien devrait se soumettre chaque fois qu'il pense avoir progressé dans sa vie chrétienne. Les beaux sentiments, la nouvelle vision des choses, un plus grand intérêt pour la « religion » ne signifient rien s'ils n'améliorent pas notre conduite. Ainsi, quand on est malade, inutile de « se sentir mieux » si le thermomètre indique une hausse de température ! En ce sens, le monde a tout à fait raison d'apprécier le christianisme selon les résultats. Le Christ lui-même l'a conseillé : on reconnaît l'arbre à ses fruits ; la qualité d'une chose se révèle à l'usage, pourrait-on dire aussi. Quand les chrétiens se conduisent mal ou n'arrivent pas à bien se conduire, le christianisme n'est pas crédible pour leur entourage.

Pendant la guerre, des affiches avertissaient qu'une parole inconsidérée pouvait coûter des vies. Il est également vrai qu'une vie inconsidérée peut coûter des commérages. Quand nous, les chrétiens, vivons de façon inconsidérée, notre entourage parle ; et nous lui offrons des motifs de jeter le doute, par ses paroles, sur la véracité du christianisme lui-même.

Mais il y a une autre manière dont les incroyants exigent parfois des résultats et qui n'est absolument pas logique. Il leur arrive d'exiger non seulement une transformation profonde dans la vie de chaque nouveau chrétien, mais aussi de voir une distinction très nette entre les chrétiens et les non-chrétiens. Et ils attendent des premiers qu'ils soient en tout temps visiblement meilleurs que les autres. Ce n'est pas raisonnable pour plusieurs raisons :

1° En premier lieu, la situation est bien plus compliquée. Le monde ne comporte pas uniquement des chrétiens à 100 % et des non-chrétiens à 100 %. Beaucoup de gens se disent chrétiens mais ne le sont que de nom, et dans le lot on trouve des ecclésiastiques. D'autres, au contraire, deviennent lentement chrétiens, bien qu'ils n'osent pas encore se déclarer. Certains n'acceptent pas l'intégralité de la doctrine chrétienne concernant le Christ ; pourtant ils sont si fortement attirés par lui que, déjà, son influence sur eux est plus profonde qu'ils n'en ont conscience. Dans d'autres religions, on trouve des gens que l'influence secrète de Dieu amène à s'attacher aux aspects de leur religion qui s'accordent avec le christianisme ; on peut estimer qu'ils appartiennent au Christ sans le savoir. Par exemple, un bouddhiste de bonne volonté peut être conduit à s'intéresser de plus en plus à la miséricorde et à reléguer à l'arrière-plan (bien qu'il puisse encore y croire) d'autres points de l'enseignement bouddhique. Beaucoup de païens honnêtes ont pu se trouver dans ce cas bien avant la naissance du Christ. Et puis, il y a toujours un grand nombre de personnes qui ont juste l'esprit un peu embrouillé et dont la foi est un amalgame de croyances plus ou moins cohérentes. Par conséquent, il ne sert à rien de juger des chrétiens et des non-chrétiens dans leur ensemble. Il peut être utile de comparer les chats aux chiens, ou même les hommes aux femmes d'une manière globale car on sait pertinemment qui est qui. Aussi, un animal ne se transforme pas (ni lentement ni soudain) de chien en chat. Mais quand nous comparons les chrétiens en bloc aux non-chrétiens, nous ne pensons pas habituellement à des personnes que nous connaissons, mais seulement à deux conceptions vagues inspirées de romans ou de journaux. Si vous voulez comparer le mauvais chrétien au bon athée, il vous faut penser à deux vrais spécimens que vous avez réellement rencontrés. À moins d'en venir aux faits, nous perdons notre temps.

2° Supposons que nous en venions aux faits et que nous mettions en présence, non un chrétien et un non-chrétien fictifs, mais deux personnes bien réelles de notre connaissance. Prenons alors garde à bien poser la question. Si le christianisme est vrai, alors : *a)* tout chrétien devrait être meilleur que s'il n'était pas devenu chrétien ; *b)* quiconque devient chrétien va s'améliorer. De la même façon, si une publicité de dentifrice est vraie, alors : *a)* quiconque l'utilisera aura de meilleures dents que s'il ne l'employait pas ; *b)* celui qui commence à s'en servir aura une dentition plus saine qu'autrefois. Je ne prétendrai pas que la publicité est mensongère si, ayant hérité de mes parents une mauvaise dentition, le dentifrice ne me donne pas des dents aussi belles que celles d'un vigoureux Africain n'utilisant aucun dentifrice. Mlle Durand, une chrétienne, a peut être une langue plus acérée que Paul Dupont, un incroyant. Cela en soi ne nous dit pas si le christianisme est efficace ou non. La question est de savoir ce que serait la langue de Mlle Durand si elle n'était pas chrétienne, ou celle de Paul s'il le devenait ? Mlle Durand et Paul ont chacun leur tempérament lié à des facteurs naturels et à leur éducation. Le christianisme prétend soumettre ces deux tempéraments à une nouvelle gestion, s'ils y consentent, comme une entreprise qu'on soumettrait à une nouvelle gestion. Par contre, vous êtes en droit de vous demander si cette nouvelle direction va améliorer l'affaire.

Tout le monde sait que ce qui est géré chez Paul Dupont est bien plus aimable que ce qui est géré chez Mlle Durand. Mais là n'est pas la question. Prenons un autre exemple : pour apprécier la gestion d'une usine on doit considérer non seulement la production, mais aussi l'installation. Considérant le matériel dont dispose l'usine A, ce peut être un miracle qu'elle produise quelque chose. Et compte tenu du matériel de première qualité de l'usine B, sa production, quoique importante, peut être inférieure à ce qu'elle devrait être. Il ne fait pas de doute que le bon directeur de l'usine A va installer du nouveau matériel dès que possible, mais il lui faudra du temps. La faible production qu'il obtiendra entre-temps ne prouve pas qu'il soit incompétent.

3° Approfondissons maintenant. Le directeur va installer du nouveau matériel : avant que le Christ en ait terminé avec Mlle Durand, elle va devenir vraiment quelqu'un de très aimable. Ce qui ne signifie pas que le seul but du Christ est de hisser Mlle Durand au niveau où Paul se situe depuis longtemps. En cela, nous avons parlé comme si Paul était très bien ; comme si le christianisme était quelque chose dont les gens désagréables avaient besoin, et dont les personnes agréables pourraient se passer ; comme si l'amabilité était tout ce que Dieu exige ! Non, ce serait une erreur fatale. La vérité est qu'au regard de Dieu, Paul Dupont a autant besoin du « salut » que Mlle Durand. En un sens (que j'expliquerai bientôt) l'amabilité n'entre guère en ligne de compte.

On ne peut s'attendre à ce que Dieu considère le caractère placide et amical de Paul comme nous le faisons, car il n'est que le résultat de causes naturelles dont Dieu est l'auteur. Ne relevant que du tempérament, ces bonnes dispositions disparaîtront entièrement le jour où Paul digèrera mal. La gentillesse, finalement, est le don de Dieu à Paul et non le don de Paul à Dieu. De même, Dieu a permis à des causes naturelles, agissant dans un monde souillé par des siècles de péché, de produire chez Mlle Durand l'étroitesse d'esprit et la tension nerveuse qui justifient en grande partie sa méchanceté. Dieu redressera, en son temps, cet aspect du caractère de Mlle Durand. Mais ce n'est pas l'object principal de sa préoccupation. Cela ne présente aucune difficulté pour lui. Par contre, ce que Dieu observe, ce qu'il attend et ce à quoi il travaille est difficile même pour lui, parce que même lui ne peut le produire par un simple acte de puissance. C'est quelque chose qu'il attend autant de Mlle Durand que de Paul Dupont. Quelque chose qu'ils sont tous deux libres de donner à Dieu ou de lui refuser. Se tourneront-ils ou non vers Dieu et réaliseront-ils ainsi l'unique dessein pour lequel ils ont été créés ? Leur libre volonté oscille en eux comme l'aiguille d'une boussole, mais c'est une aiguille qui peut s'arrêter sur un choix. Elle peut pointer vers le Nord ou non. L'aiguille tournera-t-elle et se stabilisera-t-elle en direction de Dieu ?

Dieu peut intervenir pour qu'il en soit ainsi, mais ne l'imposera pas. Car s'il déplaçait lui-même l'aiguille dans la bonne direction il n'y aurait plus de libre arbitre. Va-t-elle pointer vers le Nord ? C'est la question dont tout dépend. M. Dupont et Mlle Durand offriront-ils leur tempérament à Dieu ? La question de savoir si ce tempérament qu'ils lui offrent ou lui refusent est bon ou mauvais est secondaire. Dieu peut s'occuper de ce domaine-là.

Ne vous méprenez pas ! Bien entendu, Dieu déplore un mauvais caractère. Et bien sûr, il estime qu'un bon caractère est une bonne chose, de même que le pain, le soleil ou l'eau pure sont de bonnes choses. Mais c'est Dieu qui nous les donne. Il a créé les nerfs solides de Paul et son équilibre digestif, ainsi que bien d'autres qualités physiologiques. Il ne coûte donc rien à Dieu, pour autant qu'on le sache, de créer de bonnes choses ; mais convertir des volontés rebelles a coûté la vie de Jésus sur une croix. Et parce que ce sont des volontés, elles peuvent – chez les bons comme chez les méchants – repousser la sollicitation divine. Et puis, la gentillesse de Paul Dupont étant simplement dans sa nature, à la fin elle s'évanouira, comme la Nature elle-même disparaîtra. Les causes naturelles agissent en Paul pour créer un assemblage psychologique plaisant, comme elles se fondent dans un coucher de soleil pour créer une agréable harmonie de couleurs. Bientôt, car c'est ainsi qu'opère la nature, elles s'évanouiront. Paul a eu la possibilité de changer (ou plutôt de permettre à Dieu de changer) cet assemblage éphémère en beauté d'un esprit éternel, mais il ne l'a pas saisie.

Il y a là un paradoxe. Aussi longtemps que Paul ne se tournera pas vers Dieu, il croira que sa gentillesse lui est propre ; et aussi longtemps qu'il le croira, elle ne sera pas sienne. C'est lorsque Paul prendra conscience que sa gentillesse ne lui est pas propre mais un don de Dieu, et qu'il la lui offrira en retour – alors seulement elle commencera à devenir vraiment sienne. Pour l'instant Paul commence à prendre part à sa propre création. Les seules choses que nous conservons sont celles que nous donnons librement à Dieu. Ce que nous essayons de garder pour nous est précisément ce que nous sommes sûrs de perdre.

Ne soyons pas surpris si nous trouvons chez les chrétiens quelques personnes encore désagréables. Et même il y a une raison pour laquelle les méchants sont probablement plus nombreux à se tourner vers le Christ que les bons. C'est d'ailleurs ce que l'on reprochait au Christ durant sa vie terrestre : il semblait attirer les gens peu recommandables. Le reproche reste d'actualité et il le sera toujours. Maintenant voyez-vous pourquoi ? Le Christ a dit : « Heureux les pauvres », et encore : « Il est difficile pour un riche d'entrer dans le royaume des cieux. » Il visait certainement les riches et les pauvres au plan économique, mais ses paroles ne s'appliquent-elles pas également à une autre sorte de riches et de pauvres ? L'un des dangers d'avoir beaucoup d'argent est qu'on peut se satisfaire pleinement des divers bonheurs qu'il dispense et ne pas se rendre compte qu'on a besoin de Dieu. Si, rien qu'en signant un chèque, tout tombe tout cuit dans votre assiette, vous risquez d'oublier que vous dépendez à chaque instant entièrement de Dieu. Or, les dons naturels présentent le même danger. Si vous avez des nerfs solides, de l'intelligence, une excellente santé, la popularité et une bonne éducation, vous serez probablement satisfait de votre caractère tel qu'il est. Aussi vous vous direz : « Qu'ai-je besoin de mêler Dieu à tout ça ? » D'assez bonnes dispositions vous sont tout à fait naturelles. Vous n'êtes pas l'une de ces créatures lamentables, prise au piège de la sexualité, de l'alcoolisme, de ses nerfs fragiles ou d'un mauvais caractère. Tout le monde s'accorde à dire que vous êtes un chic type et, entre nous soit dit, vous partagez cet avis. Vous êtes enclin à penser que ces bonnes dispositions sont de votre fait et n'éprouvez pas le besoin d'une meilleure sorte de gentillesse. Il est souvent difficile d'amener les gens pourvus de toutes les qualités naturelles à reconnaître leur besoin du Christ, jusqu'au jour où ces qualités leur font défaut. Alors leur suffisance vole en éclats. En d'autres termes, qu'il est dur pour un « riche » d'entrer dans le royaume de Dieu !...

Il en est autrement des gens mauvais – les petits, les humbles, les timides, les désaxés, les débiles, les gens seuls, impulsifs, sensuels ou déséquilibrés. S'ils essaient d'être bons, ils apprennent en un rien de temps qu'ils ont besoin d'aide. Pour eux, c'est le Christ ou rien ; se charger de la croix et suivre le Christ ou plonger dans le désespoir. Ce sont eux les brebis égarées. Le Christ est venu spécialement les chercher. Ce sont eux (c'est à la fois vrai et terrible) les « pauvres » ; il les a bénis[1] ! Ce sont ces gens peu recommandables qu'il fréquente – et naturellement les pharisiens clament encore, comme autrefois : « Si le christianisme était un tant soit peu vrai, ces gens-là ne seraient pas des chrétiens ! »

C'est ici soit un avertissement, soit un encouragement pour chacun de nous. Si vous êtes naturellement aimable – si cette vertu vous est naturelle – méfiez-vous ! On attend beaucoup de ceux qui ont beaucoup reçu. Si vous vous attribuez le mérite des dons que Dieu vous accorde au moyen de la nature, et si vous vous contentez simplement d'être une personne aimable, vous êtes encore un rebelle ; vous avez beaucoup de dons, mais votre chute n'en sera que plus terrible, votre corruption plus complexe, le mauvais exemple que vous donnez plus désastreux. Le Diable était un archange autrefois ; ses

1 Voir le Sermon sur la Montagne, évangile selon Matthieu 5.3

dons naturels dépassaient largement les vôtres, de même que les vôtres dépassent ceux d'un chimpanzé.

Mais si vous êtes une pauvre créature – empoisonnée par une éducation pitoyable au sein d'un foyer rongé par des jalousies stupides et de basses querelles – possédée, contre votre gré, par quelque écœurante perversion sexuelle – aux prises nuit et jour avec un complexe d'infériorité qui vous rend désagréable auprès de vos meilleurs amis – alors ne désespérez pas. Le Christ le sait bien. Vous êtes l'un de ces pauvres qu'il a bénis. Il sait quel lamentable véhicule vous essayez de conduire. Tenez ferme. Faites de votre mieux. Un jour, il jettera votre vieille nature sur le tas d'immondices et vous en donnera une nouvelle. Alors vous nous étonnerez tous – et vous-même plus encore, car vous serez passé par une école de conduite exigeante. Alors plusieurs des derniers seront les premiers et plusieurs des premiers seront les derniers.

Une personnalité saine et équilibrée, c'est excellent. Il faut essayer par tous les moyens médicaux, éducatifs, économiques et politiques en notre possession de produire un monde où le plus possible d'individus pourront devenir des personnes aimables, comme il faut essayer de bâtir un monde où chacun ait suffisamment à manger. Mais même si l'on réussissait à faire de tous les individus des braves gens, on n'aurait pas sauvé leur âme pour autant. Un monde de gens charmants, satisfaits de leur propre gentillesse, qui ne regardent pas plus loin et se détournent de Dieu, aurait désespérément autant besoin du salut et pourrait même être plus difficile à sauver qu'un monde misérable !...

Car le changement en lui-même n'est pas la rédemption, même si la rédemption améliore toujours les gens, ici et aujourd'hui, et au final les améliorera à un degré que nous ne pouvons encore imaginer. Dieu est devenu homme pour changer des créatures en fils ; pas simplement pour produire des hommes meilleurs à partir de l'ancienne sorte, mais pour produire une nouvelle sorte d'hommes. Il ne s'agit pas d'entraîner un cheval à sauter de plus en plus haut, mais de le transformer en une créature ailée. Naturellement, une fois pourvu d'ailes, le cheval pourra planer au-dessus des clôtures qu'il n'aurait pu franchir autrefois, et battre ainsi les chevaux normaux. Cependant, il faudra peut-être un certain temps avant que ses ailes poussent et qu'il puisse voler. À ce stade-là, les embryons d'ailes sur ses épaules, qu'on ne reconnaît même pas, lui donnent encore un aspect balourd !

Peut-être nous sommes-nous trop attardés sur cette question. Si vous cherchez un argument contre le christianisme (je me rappelle avec quelle avidité je traquais de telles preuves quand je commençais à craindre que le christianisme soit vrai), vous trouverez aisément quelque chrétien stupide et peu convaincant et vous direz : « Voici votre fameux homme nouveau ! Servez-moi plutôt l'ancien modèle ! » Mais si vous avez commencé à voir à d'autres éléments que le christianisme est crédible, vous reconnaîtrez en votre for intérieur que vous usez de faux-fuyants. Que pouvez-vous réellement connaître de l'âme des autres – de leurs tentations, des possibilités qui leur sont offertes, de leurs luttes ? Il n'y a qu'une âme dans toute la création que vous connaissez vraiment, et c'est la seule dont le sort repose entre vos mains. S'il y a un Dieu, vous êtes, en un sens, seul devant lui. Vous ne pouvez l'écarter par des spéculations au sujet de vos voisins ou par les réminiscences de vos lectures personnelles. Quel sera le poids de tous ces bavardages et de ces ouï-dire (vous en souviendrez-vous seulement ?) quand le brouillard anesthésique que nous appelons « le monde réel » ou « la nature » se dissipera et que la Présence dans laquelle vous vous êtes toujours tenu deviendra palpable, immédiate et inévitable ?

11

LES HOMMES NOUVEAUX

Dans le chapitre précédent, j'ai comparé le changement d'hommes ordinaires en Hommes Nouveaux au processus de transformation d'un cheval en une créature ailée. J'ai utilisé cet exemple extrême pour souligner qu'il ne s'agit pas d'une simple amélioration mais d'une métamorphose. Une bonne comparaison en rapport avec la nature serait les mutations remarquables que nous pouvons réaliser sur les insectes en les soumettant à l'action de certains rayons. Certains pensent que l'Évolution a pu s'opérer de cette façon. Les altérations sur lesquelles leur théorie repose pourraient s'être produites sous l'action de rayonnements venant de l'espace. Naturellement, une fois que les modifications sont là, « la sélection naturelle » agit sur elles ; c'est ainsi que les changements utiles survivent et que les autres disparaissent.

La comparaison avec l'évolution est la meilleure que j'aie trouvée pour aider l'homme moderne à comprendre le christianisme. Chacun, aujourd'hui, est au courant de cette théorie, mais que certains esprits cultivés contestent. On nous a appris que l'homme est le résultat d'une évolution à partir de types de vie inférieurs. Et on se demande maintenant : « Quelle est la prochaine étape ? Et quand va-t-elle apparaître ? » Les écrivains débordants d'imagination essaient parfois de dépeindre la créatutre après l'homme comme une sorte de Superman. En général, ils en arrivent à un être bien plus détestable que l'homme que nous connaissons, puis ils essaient de compenser ces défauts en lui ajoutant des jambes et des bras. Mais supposons que l'étape suivante soit tellement différente de toutes les précédentes qu'elle dépasserait même le rêve le plus fou ! On pourrait le supposer, n'est-ce pas ? Voici des milliers de siècles, des créatures lourdement cuirassées se sont développées. Si quelqu'un à l'époque avait pu observer le cours de l'évolution, il se serait probablement attendu à ce qu'elles évoluent en des créatures de plus en plus lourdement cuirassées. Mais il aurait eu tort. L'avenir tenait en réserve une carte que rien à l'époque ne laissait présager : l'apparition de petits animaux dénudés, sans carapace protectrice, mais pourvus d'un cerveau plus développé avec lequel ils allaient maîtriser toute la planète. Non seulement ils allaient être dotés d'une puissance supérieure à celle des monstres préhistoriques, mais celle-ci serait d'un genre nouveau. L'étape suivante serait non seulement différente de la précédente, mais d'une autre sorte de différence. Le cours de l'évolution n'allait pas continuer dans la même direction mais changer brutalement de cap.

Il me semble que la plupart des hypothèses populaires relatives à la Prochaine Étape commettent exactement le même type d'erreur. Les gens voient (ou tout au moins croient voir) des hommes pourvus d'un cerveau toujours plus développé, et capables d'une plus grande maîtrise sur la nature. Ils s'imaginent que le courant va dans cette direction et ils se persuadent qu'il continuera dans ce sens. Mais je ne peux m'empêcher de penser que la Prochaine Étape sera vraiment nouvelle et prendra une direction qu'on n'aurait jamais imaginé ; autrement, il ne servirait à rien de l'appeler une Nouvelle Étape. Je m'attends non seulement à une différence, mais à une nouvelle sorte de différence. J'imagine non simplement un changement, mais un nouveau moyen d'amener ce changement. Ou, si vous me permettez un illogisme, je m'attends à ce que le prochain palier dans l'évolution ne soit pas un palier ; à ce que l'évolution en tant qu'agent de changement soit suspendue. Et enfin, quand la chose se produira, je ne serais pas surpris que très peu de gens s'en rendent compte.

Or, si on reste à l'idée de l'évolution, cette Prochaine Étape est déjà entamée. Et elle est vraiment nouvelle ! Ce n'est pas la transformation d'hommes intelligents en hommes plus intelligents, mais un changement qui part dans une direction complètement différente – la transformation de créatures de Dieu en fils de Dieu. La première fois elle s'est produite en Palestine voici deux mille ans. Le changement ne consiste pas en une « Évolution » dans le sens où il proviendrait d'un processus naturel des événements. Il provient bien plutôt d'une irruption dans la nature. Voilà ce à quoi je m'attends. Nous avons déduit la théorie de « l'Évolution » de l'étude du passé. Si l'avenir tient en réserve de vrais « nouveautés », alors notre idée fondée sur le passé en est loin. En fait, cette Nouvelle Étape diffère des précédentes non seulement en ce qu'elle vient de l'extérieur de la nature, mais pour d'autres raisons également.

1° La Nouvelle Étape ne se transmet pas au moyen de la reproduction sexuée. En êtes-vous surpris ? Il fut un temps où la sexualité n'existait pas ; le développement se poursuivait par d'autres moyens. On pourait donc s'attendre à ce que la sexualité disparaisse un jour ou qu'elle cesse d'être le principal moyen de développement (ce qui est le cas en fait).

2° Au cours des premières étapes de l'évolution, les organismes vivants n'avaient pas le choix (ou très peu le choix) de franchir le nouveau pas. Pour l'essentiel, le progrès est quelque chose qui leur arrivait et non qu'ils faisaient. Or dans la nouvelle étape, la transformation de créatures en fils est volontaire, du moins d'une certaine façon. Elle n'est pas volontaire dans le sens où, de notre propre gré, nous aurions pu la choisir ou même l'imaginer. Mais elle est volontaire dans le sens où, lorsqu'elle nous est offerte, nous pouvons la refuser. Nous pouvons, si tel est notre désir, nous dérober ; et nous pouvons nous entêter et laisser la nouvelle Humanité continuer sans nous.

3° J'ai appelé le Christ le « premier cas » d'homme nouveau. Bien sûr, il est beaucoup plus que cela. Il n'est pas seulement un homme nouveau, un spécimen de l'espèce, mais l Homme Nouveau par excellence. Il est l'origine, le centre et la vie de tous les hommes nouveaux. Il est venu de son plein gré dans l'univers créé, apportant avec lui la *Zoé*, la vie nouvelle. Elle est nouvelle pour nous en tout cas, car elle existe de toute éternité. Et le Christ ne la transmet pas par hérédité, mais par ce que j'ai appelé une « saine contagion ». On ne peut la recevoir que par un contact personnel avec le Christ. Les hommes deviennent « nouveaux » quand ils sont « en lui ».

4° Cette étape est franchie à une vitesse différente des précédentes. Si nous la comparons au développement de l'homme sur la planète, la diffusion du christianisme au sein de la race humaine semble se produire comme un éclair, car deux mille ans ne sont presque rien dans l'histoire de l'univers. Nous sommes encore les « premiers chrétiens », ne l'oublions pas. Les pitoyables divisions que nous connaissons entre chrétiens sont, espérons-le, une maladie infantile. « Nous perçons nos dents » alors que ce monde, sans nul doute, pense exactement le contraire et croit que le christianisme est en train de mourir de vieillesse. Mais combien de fois déjà ne l'a-t-il pas cru ? Il a cru que le christianisme mourait sous les persécutions au dehors et les corruptions au dedans, ou qu'il mourait avec l'essor de l'islam, avec le progrès des sciences physiques et l'éveil des grands mouvements révolutionnaires anti-chrétiens. Or, chaque fois, le monde a été déçu. Déçu, en premier lieu, de la crucifixion. L'Homme est revenu à la vie. En un sens – et je vois à quel point cela doit leur paraître injuste – ils ne cessent d'être déçus. Encore et encore, ils tuent ce que l'Homme-Dieu commence ; et chaque fois, au moment même où ils piétinent sa tombe, ils apprennent soudain que le christianisme est encore vivant et même qu'il a surgi ailleurs. Peut-on s'étonner de la haine du monde à l'égard des chrétiens ?

5) L'enjeu est encore plus grand. En restant à une étape antérieure de l'évolution, une créature pouvait perdre, tout au plus, ses quelques années de vie terrestre, et encore pas toujours. Mais en évitant de franchir la nouvelle étape nous, les hommes, perdons un prix qui est – au sens strict du terme – d'une valeur infinie. Car nous voilà arrivés à un moment critique de l'histoire de l'humanité. Siècle après siècle, Dieu a guidé la nature de façon à ce qu'elle produise enfin des créatures qui peuvent,

si elles le veulent, être dégagées de la nature pour être transformées en des « dieux ». Accepteront-elles qu'on les sorte ainsi de la nature ? C'est un peu comme une naissance. À moins de nous lever pour suivre le Christ, nous faisons tous partie de la Nature, nous sommes toujours dans le sein de notre chère mère. Sa grossesse fut longue et douloureuse, mais elle a atteint son point culminant. Le grand moment est arrivé. Tout est prêt et le médecin est là. L'accouchement va-t-il bien se passer ? Évidemment, dans le cas qui nous préoccupe, il diffère d'une naissance ordinaire où le bébé n'a pas le choix. Ici, il a le choix. Je me demande ce que ferait un bébé ordinaire s'il avait le choix de naître ou non. Peut-être préférerait-il rester dans l'obscurité, la chaleur et la sécurité du ventre de sa mère. Car, naturellement, il penserait que le giron maternel signifie la sécurité. Mais là serait son erreur, car s'il reste là, il va certainement mourir.

Eh bien, le grand moment est arrivé. La nouvelle étape a été franchie et continue de l'être. Déjà on rencontre des hommes nouveaux ici et là. Quelques-uns, comme je l'ai admis, sont encore à peine repérables, mais d'autres sont reconnaissables. Leur voix et leur visage sont différents. Ils sont plus assurés, plus paisibles, plus heureux, plus rayonnants. Ils commencent là où la plupart d'entre nous renonçons. Ils sont, dis-je, reconnaissables, mais à quoi doit-on les reconnaître ? Ils ne ressemblent guère à des gens « religieux » tels qu'on peut se les imaginer d'après nos lectures. Ils n'attirent pas l'attention. Vous croyez être aimable à leur égard alors qu'en réalité c'est eux qui le sont envers vous ! Ils vous aiment plus que ne le font les autres mais ils ont moins besoin de vous. (Il faut vaincre cette manie de nous croire indispensables ; chez des personnes bien intentionnées, surtout des femmes, c'est la tentation la plus difficile à vaincre !) Ils semblent généralement disposer de beaucoup de temps, et vous vous demandez bien comment.

Quand vous aurez repéré l'un d'eux, vous reconnaîtrez le suivant beaucoup plus aisément. Et je les suspecte fort (mais comment le saurais-je ?) de se reconnaître entre eux immédiatement et infailliblement, malgré les barrières de couleur, de sexe, de classe sociale, d'âge ou même de confession religieuse. Ainsi, devenir saint serait plutôt comme adhérer à une société secrète. Le moins qu'on puisse dire est que ça doit être passionnant...

Ne nous imaginons pas pour autant que les nouveaux hommes soient tous identiques, au sens habituel du terme. Bien des propos de cette dernière partie peuvent laisser supposer une grande uniformité. Devenir des hommes nouveaux signifie perdre ce que nous appelons aujourd'hui « nous-mêmes ». Il nous faut quitter notre « moi » et aller dans le Christ. Il faut faire nôtre sa volonté et ses pensées, afin d'avoir ce que la Bible appelle « l'esprit du Christ ». Et si le Christ est un, et s'il doit demeurer « en » nous, n'allons-nous pas tous nous ressembler ? On serait enclin à le croire, mais il n'en est rien.

Il est difficile de trouver une image pour illustrer ce point, car il n'y a pas deux choses qui soient liées entre elles comme le Créateur est lié à l'une de ses créatures. Cependant, je vais avancer deux illustrations très imparfaites, susceptibles de donner une pâle image de la vérité. Imaginez des gens ayant toujours vécu dans l'obscurité et à qui vous essayez de décrire la lumière. Vous pourrez leur dire que s'ils viennent dans la lumière, celle-ci tombera sur eux ; ils la reflèteront et deviendront visibles. Ils vont sans doute s'imaginer que, puisqu'ils baigneront tous dans la même lumière et y réagiront de la même façon en la reflétant, ils vont tous se ressembler. Alors que vous et moi savons que la lumière manifestera en fait à quel point ils sont différents ! Supposez un individu qui ne connaît rien du sel. Vous lui en donnez une pincée et il fait l'expérience d'une saveur particulière, forte et prononcée. Puis vous lui dites que dans votre pays on met du sel dans tous les aliments. Ne risque-t-il pas de croire alors que tous nos plats ont exactement la même saveur parce que le goût de ces petits grains est si fort qu'il ôtera tout le reste ? Mais vous et moi savons bien que le sel produit exactement l'effet inverse. Loin de tuer la saveur de l'œuf, de la viande et du chou, il la fait ressortir. Ces mets ne révèlent leur goût véritable que s'ils sont relevés de sel. Vous pouvez, bien sûr, supprimer les autres goûts en forçant la dose de sel, tandis qu'une personnalité bien imprégnée du Christ ne peut perdre sa « saveur ». Je n'ai pas trouvé une meilleure illustration.

Il en va de même entre le Christ et nous. Plus nous nous débarrassons de ce que nous appelons « nous-mêmes » et laissons le Christ s'emparer de nous, plus nous devenons vraiment nous-mêmes. Le Christ est tellement abondant que des millions et des millions de « petits christs », tous différents, seraient encore trop peu nombreux pour exprimer pleinement Sa personne. Il les a tous modelés. Semblable à un auteur qui invente les personnages de son roman, il a inventé tous les hommes tels que vous et moi, selon son dessein conçu d'avance. En ce sens, nos vrais « moi » sont en dépôt en lui et nous y attendent. Il est vain de m'efforcer d'être « moi-même » sans lui. Plus je lui résiste et essaie de vivre à ma façon, plus je suis dominé par mon hérédité, mon éducation, mon environnement et mes désirs naturels.

En fait, ce que j'appelle si fièrement « moi-même » est simplement le point de rencontre d'événements que je n'ai pas provoqués et que je ne peux arrêter. Ce que j'appelle « mes désirs » sont seulement les envies émanant de mon être physique ou inspirées par les pensées d'autrui, ou même suggérées par quelque démon. C'est l'alcool et une bonne nuit de repos qui seront à l'origine de ma décision – que je crois avisée et personnelle et j'en suis fier – de séduire la jeune fille assise en face de moi dans le train. C'est la propagande qui sera à l'origine de ce que je considère comme mes opinions politiques. Dans mon état naturel, je ne suis pas autant une personne que j'aimerais le croire : la plus grande part de ce que j'appelle « moi » s'explique très facilement. C'est quand je me tourne vers le Christ, quand je m'abandonne à lui, que je commence à avoir une personnalité qui m'est vraiment propre.

En commençant, j'ai écrit qu'il y avait trois Personnes en Dieu. J'irai plus loin maintenant. Il n'existe de vraies personnes nulle part ailleurs. À moins d'abandonner notre « moi » à Dieu, nous n'avons pas de « moi » qui nous soit propre. On trouve davantage de similitudes entre les hommes les plus « naturels » qu'entre ceux qui s'abandonnent au Christ. Quelle monotonie chez tous ces grands tyrans ou ces conquérants ! Mais quelle glorieuse diversité chez les saints !

Par contre, il faut qu'il y ait un réel abandon du « moi ». Nous devons rejeter notre personnalité « aveuglément », pour ainsi dire. Le Christ, en retour, nous donnera une vraie personnalité. Pourtant n'allons pas vers lui dans cette intention. Aussi longtemps que nous nous préoccupons de notre « moi », nous ne nous approchons pas du tout du Christ. Le premier pas consiste à essayer d'oublier totalement le « moi ». Votre personnalité réelle, nouvelle (qui est celle du Christ en même temps que la vôtre, et la vôtre uniquement parce que c'est la sienne) n'apparaîtra pas tant que vous la chercherez. Elle naîtra quand vous le rechercherez, lui, le Christ. Cela vous paraît-il étrange ? Les mêmes principes s'appliquent aux choses ordinaires. Même sur le plan social, vous ne produirez jamais une bonne impression sur les autres à moins de cesser de penser à l'impression que vous faites. Même en littérature et en art, quiconque s'inquiète d'originalité ne sera jamais original. Au contraire, si vous essayez simplement de dire la vérité – sans vous soucier du nombre de fois où elle a été dite – vous serez original neuf fois sur dix, sans même vous en rendre compte. Ce principe gouverne toute vie du début à la fin.

Renoncez à vous-même et vous trouverez votre vrai « vous-même ». Perdez votre vie et vous la sauverez. Mourez à vous-même – la mort de vos ambitions, de vos plus grands désirs, chaque jour et, pour finir, la mort de votre corps. Mourez de toutes les fibres de votre être, et vous trouverez la vie éternelle. Lâchez tout. La moindre chose que vous n'aurez pas abandonnée ne pourra jamais être à vous. La moindre chose en vous qui ne sera pas morte ne pourra jamais être ressuscitée. Partez à la recherche de « vous-même » et vous ne trouverez au final que haine, solitude, désespoir, fureur, ruine et déchéance. Mais recherchez le Christ et vous le trouverez. Et avec lui, tout le reste vous sera donné en plus.

TABLE DES MATIÈRES